我最想学的
销售口才课

会说四种话，
天下没有难做的生意

| 鲁克德◎著 |

赞美话、专业话、客套话、巧妙话

销售冠军是这样说的，句句够狠！

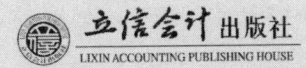

立信会计出版社
LIXIN ACCOUNTING PUBLISHING HOUSE

图书在版编目（CIP）数据

我最想学的销售口才课 / 鲁克德著. -- 上海：立信会计出版社, 2015.4

（去梯言）

ISBN 978-7-5429-4566-2

Ⅰ. ①我… Ⅱ. ①鲁… Ⅲ. ①销售－口才学 Ⅳ. ①F713.3②H019

中国版本图书馆CIP数据核字（2015）第032798号

策划编辑　蔡伟莉

责任编辑　蔡伟莉

封面设计　久品轩

我最想学的销售口才课

出版发行	立信会计出版社	
地　　址	上海市中山西路2230号	邮政编码　200235
电　　话	（021）64411389	传　　真　（021）64411325
网　　址	www.lixinaph.com	电子邮箱　lxaph@sh163.net
网上书店	www.shlx.net	电　　话　（021）64411071
经　　销	各地新华书店	

印　　刷	固安县保利达印务有限公司	
开　　本	720毫米×1000毫米	1/16
印　　张	17.25	插　页　1
字　　数	212千字	
版　　次	2015年4月第1版	
印　　次	2017年8月第3次	
书　　号	ISBN 978-7-5429-4566-2/F	
定　　价	36.00元	

前　言

　　对于销售人员来说，良好的口才就是成功的资本。那些需要经常接触客户的销售人员，如何练就一套有说服力的沟通话术，其意义更为重大。因为从本质上说，销售工作就是通过说服客户来达成交易。如果销售人员欠缺相应的口才技巧，就无法与客户进行有效的沟通。

　　"交易的成功，往往是口才的产物。"这是美国超级销售大王弗兰克·贝特格销售生涯的经验总结。可以说，对于销售人员，哪里有声音，哪里就有力量；哪里有口才，哪里就有成功。

　　正所谓"三寸之舌，强于百万雄兵；一人之辩，重于九鼎之宝"。销售人员一旦具备了一流的口才，就能够顺利地约见客户，打开销售工作的局面；通过良好的沟通，就能够一步步地激发客户的购买欲，最终说服对方作出最后的购买决定；就能够妥当地处理好售后的相关工作以及对客户的情感维系。

　　口才的影响力将会伴随着销售工作的整个过程，而销售口才的好坏也将会在上述的每一个环节中起着关键作用，对销售的成败产生决定性的影响。因此，销售的成功在很大程度上归结为销售人员对口才技巧的发挥和运用。

　　对于销售人员来说，语言的作用不言而喻。销售人员每天的目标关键就是如何说服客户购买，因此可以说，掌握说话技巧，是销售人员必胜的杀手锏。

在销售过程中，一个有经验的销售人员与客户进行沟通，无外乎四种话——客套话、专业话、赞美话和巧妙话。如果灵活运用这四种话术，将无往不利。

在日常生活中，这四种销售话术也较为常见，比如：

一位客户在时装店挑选衣服，身为销售人员，会这样说：

您累吗？先坐下来歇歇吧！（客套话）

没有关系，我帮您挑几套，试穿看看。我们卖了那么多衣服，知道哪些衣服比较适合您。这套衣服好像为您订做的一样，您看又合身又可以突出您的优点，待会我们再帮您搭配，一定很漂亮的。（专业话）

身材这么好，穿什么都好看啊！怎么可能挑不到呢？（赞美话）

我的眼光不会错的，您的身材这么好，穿上这套衣服出门，一定会让人羡慕。（巧妙话）

可见，口才在销售中的重要地位是毋庸置疑的，拥有雄辩的口才是销售人员梦寐以求的本领，同样也是成为优秀销售人员所必备的前提条件。

那么，销售人员究竟该如何提升自己的口才技巧呢？可以从最基本的销售话术技巧入手，在销售过程中一点一滴地积累，去学习和探索那些切实可行的沟通技巧，并且要在实践中多加运用和练习。

《我最想学的销售口才课》是针对销售人员口才上的需求，列举出销售过程中必备的四种话术技能——客套话、专业话、赞美话和巧妙话，有针对性地对销售人员的沟通和口才进行了全面细致的指导和提升，适合销售人员的需要。本书在内容设计上也进一步符合销售人员所需，从接触客户、产品推销到促成交易、售后维系等环节，均可以运用书中所提供的话术技巧实现步步为营、顺利成交的目的。提高销售人员的沟通和口才技巧，正是本书的宗旨。

千里之行，始于足下。当你通过本书掌握了相应的口才理论与技巧，还需要在销售过程中去加以运用，去不断地完善，这样就可以练就出一流的口才，并以此实现金牌销售的美好愿望。

目　录

第一会说客套话
见面套近乎，打开销售路

沟通离不开的客套话　/3

善于与人套近乎　/7

客套话不可太随意　/11

用客套话应对冷落和冷场　/14

用客套话引客户讲话　/20

善于把客套话当真　/24

说客套话"礼"字当头　/27

在特定情况下说有"弹性"的客套话　/30

客套话太多就成了可气话　/34

改变惹人厌的客套方式　/37

用客套话认错　/42

给人面子的客套话　/46

缓解尴尬的客套话　/49

见什么人说什么样的客套话　/52

善于倾听客户的心声　/59

电话销售里的客套话　/62

1

用客套话套出客户的需要 /64

如何应对客套话的拒绝 /66

客套话也可以说得强硬一点 /69

客套话里道出危机 /71

第二 会说专业话

先做产品行家，才能说服买家

销售人员应是行家 /77

专业话一定要说得清楚 /80

做好肢体语言的配合 /82

进行良好的产品介绍 /85

表现自己的专业，帮客户作出选择 /89

充分发挥客户的想象力 /92

"专家演示"成功销售 /96

让"第三者"为你说话 /99

说专业话语速快慢要适中 /102

从专家的眼光来看竞争对手的产品 /105

为客户提供专业服务 /108

必须具备的专业知识 /111

专业的询问方式 /114

专业的说服方式 /117

在销售过程中给予说明 /121

层层"剥笋"，消除疑虑 /124

应具备的专业素质 /126

配合产品演示的劝诱 /128

让数字说话更专业 /131

第三 会说赞美话
赞美话说得好，生意跑不了

赞美是接近客户的有效方法 /139

真诚的赞美没有人会拒绝 /142

赞美要建立在真实的基础之上 /146

微笑在赞美中的作用 /149

对你的客户感兴趣就是一种赞美 /153

赞美并不是拍马屁 /157

赞美要有的放矢 /161

赞美应注意什么 /163

有创意的赞美更容易被人接受 /167

赞美之前要研究赞美对象 /170

千万别让赞美帮了倒忙 /174

附和对方也是一种赞美 /177

请教也是一种赞美 /180

用赞美"堵住"客户的口 /184

如沐春风的贴心赞美 /188

成为客户的知音 /191

倾听是一种无言的赞美 /194

赞美是一种艺术 /199

记住别人的名字 /203

最容易让人接受的赞美 /206

第四会说巧妙话

练好销售金口才，天下生意上门来

生活中的巧妙话无处不在　/211

巧妙话的巧妙处　/214

巧妙的言语还要配合巧妙的行动　/216

说巧妙话是一种销售技巧　/220

巧妙的假设成交法　/223

巧妙利用"真实"　/225

巧妙回避大实话　/227

把握巧妙激将法的尺度　/230

巧妙利用客户心理　/232

巧妙制造紧迫感，向客户施压　/236

让客户忧虑起来　/242

利用感情给客户讲故事　/245

来之不易式成交法　/248

巧妙的装聋作哑法　/249

赞同客户的观点　/255

不一定非要回避缺点　/258

巧妙的强势销售　/261

巧妙的建筑高台成交法　/263

巧妙应对客户的奚落　/265

出人意料的巧妙话　/267

第一会说客套话

见面套近乎，打开销售路

要想生意成，先交朋友情。
只有做好与顾客的情感沟通，
销售的门路才能彻底打通。
所以，销售关键是先拉近距离，
再拓展销路！

客套话是与人沟通的润滑剂。在正式的销售开始之前，几句客套话能拉近你与客户之间的距离。客套话本身并不正面表达特定的意义，但它在销售中是必不可少的。因为客套话能使不相识的人相互认识，使不熟悉的人相互熟悉，使沉闷的气氛变得活跃。尤其是初次见面，几句得体的寒暄会使气氛变得融洽，有利于顺利成交。

日本"销售之神"原一平曾经这样说："当客户愿意与你沟通的时候，就相当于成功了一半。"对于销售人员来说，拉近与客户的关系是促成销售成功的第一步。有各种各样的方法可以缩短与客户之间的距离，其中语言技巧是重要的方法之一。

你在公开场合与人谈话，目的是为了沟通思想、增长知识、升华感情，或就是为了赚钱，人们都希望通过言语交流，力图使自己的思想、情感、观念和条件为对方所接受，同时也希望对方能把你当成真正的朋友，向你倾诉肺腑之言，说出内心世界的真实想法。但是，在现代社会中，由于生活节奏的加快和生活圈的局限，并不是每一个人都会向你敞开心扉畅所欲言。所以就需要你在交谈中，要设法激发和引导对方谈话。

善于利用语言技巧达成销售的销售人员无疑是一个成功的销售人员。与客户见面，通常都会说一些客套话，对此，很多销售人员存在一定的误解，认为客套话只是一些毫无内容的话，没有任何实际的意义，说客套话实际是一种浪费时间的行为。事实上，客套话能起到缓解紧张气氛、解除尴尬、有效沟通等作用，是顺利销售、促成交易的润滑剂。

沟通离不开的客套话

客套话就是表示客气的话，在每个人与社会的交往中，它无处不在，例如，"久仰""借光""对不起"等。说客套话是一种文明美德，也是一种销售技巧。

1. 见面之初的称谓与问候

初次见面说"久仰"；分别重逢说"久违"；对方家庭说"府上"，自己家庭说"寒舍"。

对方父亲说"令尊"；对方母亲说"令堂"；对方妻子说"夫人"；对方儿子说"公子"；对方女儿说"令嫒"。

问姓名说"贵姓""尊姓大名"；问到年龄说"贵庚"；问老人年龄说"高寿"。

问到职务说"称谓"；请人相见说"有请"；看望别人说"拜访"；宾客来访说"光临""光顾"。

说人长胖说"发福"；回答问候说"托福"；等候客人说"恭候"；祝贺人家说"恭喜"。

销售过程中常见的客套话，如下：

销售人员：您好，请问您是李总吗？（上前握手）

夏经理：您好，不好意思，您找的李总正在忙，所以我来先和您谈一下！我是公司的销售经理，我姓夏。

销售人员：您好，夏经理，很高兴认识您！这是我的名片，以后请您多关照！

夏经理：不客气，我们先到那边坐一下，先互相了解一下再说……

2. 求人时候用语

托人办事说"拜托"；求人帮忙说"劳驾"；求人方便说"借光"；谢人代劳说"难为"。

麻烦别人说"打扰"；向人祝贺说"恭喜"；请人看稿说"阅示"；请人改稿说"斧正"。

求人解答说"请问"；请人指点说"赐教"；与人较艺说"领教"；受人教益说"见教"。

请人任职说"屈就"；让人花钱说"破费"；向人发问说"动问"；向人询问说"借光"。

请人批评说"指正"；领受情谊说"承情"；耗费精神说"费神"；耗费心思说"费心"。

请人指暇说"指教"；请人赴约说"赏光"；请求接受说"赏脸"；得到关照说"承蒙"。

别人谦让说"承让"；请人帮忙说"偏劳"；受到款待说"叨扰"；请人做事说"劳驾"。

征求意见说"不吝""指教"；得人好处说"叨光"。

销售过程中常见的客套话，如下：

销售人员：您好，请问您贵姓？您是在哪个地区？

客户：您好，我姓刘，我在北京。

销售人员：刘先生您好，请问您是北京哪个公司的？主要做什么业务？

客户：我们是北京××公司，我是公司的销售经理，我们主要做几个化妆品厂家在北京的总代理。

销售人员：您好，刘经理，很高兴接到您的电话，也很高兴认识您！我去过北京，不知贵公司主要代理什么牌子？

客户：不客气，我们主要代理两个牌子，一个是广州的××，一个是上海的××。

销售人员：哦，那您现在在北京操作得怎样？主要在什么渠道进行销售？

客户：还不错，主要做专卖店渠道，商场专柜也做，商场主要是做个形象。

销售人员：哦，您一般在什么类型的专卖店铺货？有促销吗？在商场有几个专柜？

客户：就是有一定档次的品牌化妆品专业店，前期3个月要促销，但是厂家要有产品支持。我们在5个商场做专柜。

销售人员：太好了，操作方式和我们公司很接近……

3. 表示感谢或歉意时用语

对人有愧说"对不起"；被人帮助说"谢谢"；过失很重说"死罪"；记人不清说"眼拙"。

请不计较说"请恕"；委屈他人说"屈尊"；答谢恭维说"好说"；未能迎接说"失迎"。

归还原主说"奉还"；对方来信说"惠书"；请人收礼说"笑纳"；自称礼轻说"薄礼"。

不受馈赠说"返璧"；表示歉意说"不安"；不能相陪说"少陪"；中途先走说"失陪"。

责己不周说"少礼""失敬"；求人原谅说"海涵""包涵"；招待不周说"怠慢"。

4. 道别用语

送客出门说"慢走"；与客道别说"再来"；请人勿送说"留步"；晚上道别说"晚安"。

因事不陪说"失陪"；辞谢馈赠说"心领"。

5. 当面赞美他人的话

赞人见解说"高见"；赞美他人的孩子说"聪明可爱"；赞美他人的衣服说"大方漂亮"；赞美他人孩子乖巧说"教子有方"；赞美他人有品位说"眼光不错"，等等。

这种客套话所说的有的是实情，有的则与事实存在相当的差距，有时正好相反，而且这种话说起来只要不太离谱，听的人十有八九都感到高兴，而且旁人越多他越高兴。

6. 当面答应他人的话

答应他人的话可以用"我会全力帮忙的""这事包在我身上""有什么问题尽管来找我"等。

这样的客套话是必须要说的，给客户承诺是令客户放心购买、打消客户心理障碍的有效方法之一。

销售过程中常见的客套话，如下：

陈小姐：李老板吗？这里有两张饰品单要做，张先生叫你过来谈一下，可以吗？

李老板：好的，没问题，谢谢您，陈小姐。

李老板：呵呵，陈小姐，挺忙的吧？

陈小姐：哦，还好，你自己做老板，真厉害呀！

李老板：呵呵，您过奖了，小本经营还得靠你们大家照顾呀！

陈小姐：现在饰品应该利润还可以吧？

李老板：今年不是很好，现在生意不怎么好做呀！

陈小姐：好像也是，每天找我们要单做的工厂很多，我这里已有好几家供我们选择的，这个你应该也是清楚的，不过我还是尽全力帮你的。

李老板：呵呵，真是谢谢您，有空我请您喝茶！

陈小姐：您太客气了，这倒不必了……

客套话的用法，没有一定的标准，也没有固定的形式，要根据当时的情况决定，即所谓的“见什么人说什么话”。

善于与人套近乎

说客套话的目的无非是为了与客户套近乎，套近乎是交际中与陌生人沟通情感的有效方式。套近乎的技巧就是在交际双方的经历、兴趣、追求、爱好等方面寻找共同点，通过共同的语言，为交际创造一个良好的氛围，进而赢得对方的支持与合作。

外交史上有一则通过套近乎而达成谈判目的的轶事。

一位马来西亚议员去见时任埃及总统的纳赛尔，由于两人的性格、经历、生活情趣、政治抱负相距甚远，总统对这位议员不大感兴趣。议员为了搞好与埃及当局的关系，会见前进行了多方面的分析，最后决定以套近乎的方式打动纳赛尔，达到会谈的目的。下面是双方的谈话：

议员说："阁下，尼罗河与纳赛尔在我们马来西亚是妇孺皆知的。我与其称阁下为总统，不如称阁下为上校吧，因为我也曾是军人，和阁下一样，跟英国人打过仗。"

纳赛尔："唔。"

议员："英国人骂阁下是'尼罗河的希特勒'，他们也骂我是'马来西亚之虎'，我读过阁下的《革命哲学》，曾把它同希特勒《我的奋斗》作比较，发现希特勒是实力至上的，而阁下除了实力外还充满幽默感。"

纳赛尔（十分兴奋）："呵，我所写的那本书，是在革命之后，用3个月匆匆写成的。您说得对，我除了实力之外，还注重人情。"

议员："对呀！我们军人也需要人情。我在马来西亚作战时，一把短刀从不离身，目的不在杀人，而是保卫自己。阿拉伯人现在为独立而战，也正是为了防卫，如同我那时的带短刀一样。"

纳赛尔（大喜）："您说得真好，真希望您每年都可以来一次。"

此时，马来西亚议员顺势将谈话转入正题，开始谈两国的关系与贸易，并愉快地合影留念。

马来西亚议员运用寻找共同点的办法使纳赛尔从"不感兴趣"到"十分兴奋"而至"大喜"，可见套近乎的工夫不浅。人们从故事中得出一个重要的启示就是，不能打无准备之"仗"，有备而来，才能套得近乎，并且套得结实、套得牢靠。

事实上，销售中的客套话术也与此有着异曲同工之妙。那就是：首先要让客户接受自己，并在彼此之间建立一种友好关系。对销售人员来说，与客户的关系拉近了，才能通过更加详细地介绍自己的产品来吸引客户；客户的注意力被吸引了，才可能对产品产生兴趣，从而激起购买的欲望。谁能快速拉近与客户的关系，谁就拥有更多的商机。

以下是优秀的销售人员常用的4种客套话的使用技巧。

1. 使用简明的开场白

为了吸引客户的注意力，在面对面的洽谈中，说好第一句话是十分重要的。开场白的好坏，几乎可以决定一次销售的成败。好的开始是成功的一半。大部分客户在听销售人员第一句话的时候要比听后面的话认真得多，听完第一句话，很多客户就自觉或不自觉地决定了尽快打发销售人员走还是准备继续谈下去。

销售心理学研究认为，洽谈中的客户在刚开始的几秒钟所获得的刺激信号，一般比以后10分钟里所获得的要深刻得多。

开始即抓住客户注意力的一个简单办法是，去掉空泛的言辞和一些多余的寒暄。为了防止客户走神或考虑其他问题，在开场白上多动些脑筋，开始几句话十分重要而非讲不可的，表述时必须生动有力、句子简练、声调略高、语速适中。开场白使客户了解自己的利益所在，是吸引对方注意力的一个有效方法。

2. 通过提问了解客户的需要

提问是引起客户注意的常用手段。在销售中，提问的目的只有一个，那就是了解客户的需要。"您需要什么"，这种直接的问法恐怕客户自己也不知道需要什么。

销售人员在向客户提问时，利用适当的悬念以勾起客户的好奇心，也

9

是一个引起注意的好办法。优秀销售人员的提问是非常讲究技巧的。通常提问要确定三点：即提问内容、提问时机、提问方式。此外，所提问题会在客户身上产生何种反应，也需要考虑。恰当的提问如同水龙头控制着自来水的流量，销售人员通过巧妙的提问得到信息，促使客户作出反应。

3. 巧言打动客户的心

一位销售人员在皮鞋柜台前，对漫不经心走过的客户说了一句："先生，当心摔跤。"客户不由得停下来，看看自己的脚下。这时销售人员乘机凑上前来，对客户会意一笑说："你的鞋子旧了，换一双吧！"

一位远道而来的销售人员与客户洽谈，为了吸引对方的注意，他很喜欢用这样一句话来开始他所销售的产品："说真的，我一提起它，也许你会不耐烦而把我赶走的。"这时客户会很自然地作出如下反应："噢？为什么呢？照直说吧！"不用多说，对方的注意力已经一下子集中到销售人员以下要讲的话题。

为了打动客户的心，销售人员不妨站在客户的角度去思考：究竟是什么因素会使客户认真听取销售人员的介绍？

4. 用旁证引起客户的兴趣

销售人员广泛引用旁证往往能收到很好的效果。一家著名的保险公司的经纪人常常在自己的老客户中挑选一些合作者，通过他们来找寻新的客户，一旦确定了新的客户，公司在征得该客户的好友某某先生的同意，上门访问时，他这样对客户说："某某先生经常在我面前提到你！"对方肯定想知道到底说了些什么，这样双方便有了进一步商讨洽谈的机会。

客套话不可太随意

销售人员越快速地和客户"产生感情"，将产品销售出去的机会也就越大。最好的方式就是与客户聊天，说一些客套话。但是聊天不是毫无目的地瞎说，而要遵守一定的原则与方向。这个原则就是利用说客套话作为销售的引子，将所要谈的主题不知不觉地传递到客户心中。

1. 掌握客户的基本资料

知己知彼，百战不殆。能够掌握客户的许多基本资料，自然就可以针对其需要快速展开销售工作。倘若对客户的基本情况一无所知就开门见山地销售，很容易碰一鼻子灰，所以客套话就为更深入的交谈起到铺路搭桥的作用。例如，约见某企业家，自然会说"久仰大名"，然后可以进一步少量叙述其功绩，逐渐委婉地进入销售的主题。

在一般的客套话中，要想办法套出客户的种种资料，才能为后续的销售技巧铺路。如果可以先掌握客户的习性与需要，在客套中一点一滴地灌输销售的理念，改变客户对产品抱有的错误认识，就可以很快地达到目的，这是最容易达成目标的方法之一。在询问的过程中也不可以太过直接，以免引起客户的戒心，这样反而不妙。

例如，你如果想要了解客户的财产状况，不可以直接问他有没有钱，或者1个月能够赚多少钱，如果这样问，大多数人不愿意正面回答。所以应该用比较迂回的方式询问，可以先谈到最近利率高低的变化，再谈到银行对目前房贷的情况，最后再切入主题，问他所居住的房子面积有多大、是否有贷款等问题。如此你已经得知他每个月的基本负担有多少，再依据他的职业推算收入也就不难了。诸如此类的问话技巧，必须时常加以练习与运用，才能达到最佳效果。如果能够得到更多的资料，对于进一步销售会更有帮助。

2. 了解时事新闻或政策性的议题

新闻节目是收视率最高的电视节目，新闻的内容和深度也成为百姓最关心的话题。所以适当地掌握时代的脉搏是必要的，这样不仅能和客户搭起聊天的桥梁，也可以掌握客户的习性和其对社会现状的看法。

应该注意，个人的宗教信仰是要谨言慎行的话题，因为这属丁主观白我意识的认定，并很难让人对其进行评价。若遇到此类话题时最好避而不谈，不要轻易地下结论。

3. 使销售的话语化于无形

兵法中最高明的战术是不战而屈人之兵；而在销售技巧中，最厉害的莫过于"使销售的有形转化于无形"，使客户在不知不觉中接受你的观念，进而达成销售的目的。但其中最应注意的问题是，最好将自己的销售理念、销售用语能够化为一般的日常言词。只要能让客户听起来不觉得艰涩难懂，就算成功。

4. 客套话也需谨慎出口

有句老话叫做"祸从口出"，引申到销售过程中就是指一定要谨言慎行。什么话能说，什么话不能说，都要在脑子里多想几遍，心里有个小算盘。

一对年轻夫妇停在了张良的柜台前。

张良热情地向他们打招呼："请问两位需要点什么？"

年轻夫妇："我们想看看冰箱。"

张良："两位请看这一款，这是刚刚上市的最新款式，噪音小、耗能低，很适合喜欢安静的家庭。"

先生："这款冰箱的外壳为什么和其他的不一样？是什么材料做的？"

张良："这是采用科研最新式的材料精制而成，既节省能源又美观大方，目前很受客户欢迎，我们一天要卖出去很多台，现在库存已经没有了。"

女士："我们很喜欢这一台，但是这种型号的容量太大，对我们这样一个两口之家来说不是十分合适。这样吧，我们再看看其他的，如果没有更合适的，我们就来买这一台，好不好？"

张良为了显示自己的冰箱货好不愁卖，便大方地说："可以，欢迎您再回来。"

年轻夫妇刚离开，张良的同事小李跑来问张良："你的那一款冰箱卖得怎么样？我那简直是太难卖了。"

为了不令小李感觉不平衡，张良也假装发牢骚："是啊，现在库存还一大堆呢！"

不料这话正被返回的年轻夫妇听见，张良顿时尴尬万分。一单生意就这样失去了。

其实，张良也只不过是在和小李的谈话中随便客套几句，随意地附和而已，却没想到因随便说话而丢了一单生意。因此，销售人员应时刻注意自己的言行。

周末，小孙答应儿子去吃汉堡包和炸鸡腿。可是，正巧一个同事来串门，便很客气地邀请他一起去吃饭。结果他的一句客套话，对方竟真爽快地答应了。

小孙犯了难，汉堡包、炸鸡腿太贵了，平时自己吃就有点舍不得，现在，凭空又要带一个人去，就更舍不得了，便小声跟儿子商量："咱们今天去吃串串香吧？"串串香不过1串3角钱，3个人花不了多少钱的。

没想到他儿子坚决反对："爸爸说话不算数！爸爸骗人！"最后没办法，只好去吃汉堡包了。3个人，整整花了100多元。

回到家里，小孙便开始训儿子："为什么不肯听爸爸的话？串串香便宜，为什么不吃？非要吃汉堡，这下好，花了我这么多钱！"

儿子不解地问："不是你请人家一起去吃饭的吗？下吗怪我？"小孙解释道："你这孩子真不明白事，我那不过就是句客套话！"儿子听了，迷惑地摇摇头，没再说什么。

过了几天，小孙为儿子的生日买了生日蛋糕。儿子一个劲劝他吃蛋糕，他刚要吃，儿子突然伸出手捂住了他张开的大嘴，说道："我不过是说句客套话，你还真吃呀！"

小孙一下子愣了。

在说客套话的时候不要过于随意，随便应承别人，只有恰到好处地把握好说话的分寸，才会在销售过程中做到游刃有余。

用客套话应对冷落和冷场

对于销售人员来讲，销售过程是一个主动去与人沟通的过程。正因为是主动，就不可避免地存在一些被不想购买东西的客户故意冷落的现象。

一次，小李在一位客户的办公室外等他，由于没有提前预约，客户的秘书知道他是一位销售人员，因此她不打算把老板的工作行程告诉他，并故意不跟小李说话，冷落小李，希望小李自动离开。

这时，小李突然注意到在秘书的桌上放着一本厚厚的畅销书。于是，他问秘书小姐说："这本畅销书你看了没有？"秘书回答说："正在看！"他又问："你觉得这本书有趣吗？"

她坦率地说："只是有点枯燥无味，不过快要看完了。"

"我也读了这本书，完全不是因为兴趣，而只是为了学习它的知识。我再推荐给你几本既有趣又值得学习的书吧。"小李再度打开话匣子。

秘书回答："你怎么跟我的想法一样？看来我们在某些地方的看法还是很相似的。哦，对了，刚刚我查了老板的行程表，他今天下午4点钟会有半个小时的空闲时间。"

客户如此，只是想通过对销售人员的冷落来传达一种"我对你的产品不感兴趣"或"我根本不想买你的产品"的信息，这种冷落法看起来好像很难破解，因为即使客户是正面拒绝，他也要跟销售人员进行对话沟通，只要存在沟通，销售人员就有很多的机会完成从拒绝到接受的销售过程。

但是，面对一个完全拒绝沟通的客户该怎么办呢？这时，客套话就发挥了它积极的作用。化解被冷落的场面，说一些对方感兴趣的客套话，这是销售人员应该掌握的基本技能。要知道，如果一个销售人员仅仅是因为受到了冷落而打退堂鼓的话，那他一定不会成为一个成功者。怎样才能走出被人冷落的窘境呢？

1. 接受冷落的沉默语言

这是至关重要的一步。也就是说，面对被客户冷落的现象，你应当承认并且接受。事实上，每一个销售人员或多或少，或轻或重，都会遇到过冷落，不管你是自觉的还是不自觉的、情愿的还是不情愿的。因此，面对冷落，销售人员应当采取承认的态度，就是说要有接受冷落的心理准备。当然，承认冷落的存在，并非是承认它存在的合理性，而是承认它存在的客观性。承认了此种矛盾存在的客观性，也就承认了解决此种矛盾方法存在的必然性。唯其如此，你才会直面冷落，既不回避，也不惧怕。

2. 敢于表现出坚持不懈的勇气

销售人员在受到冷落之后，往往会产生退却心理。但对于一个优秀的销售人员来说，越是受到冷落的重压，越应当自我表现出坚持不懈的勇气。这样不仅可以扭转被冷落的尴尬局面，而且也有助于改变客户对销售人员的偏见和误解。

3. 平息抱怨的反省语言

每逢遇到冷落，你有时难免会生气，这是可以理解的。但是，过多的自我抱怨，又恰恰是战胜冷落的大忌。但凡经历过冷落的人，大都有这样的感觉，抱怨冷落的结果只会助长受冷落压力的程度。

4. 勿失自信的至理名言

遭遇冷落，很容易使一些意志薄弱的销售人员失去自信心。不知你是否还记得这样一句至理名言："自信人生二百年，会当水击三千里。"这是何等博大的胸怀，何等硕大的气魄。数风流人物，大凡事竟成者，无不是自信人生的典范。殊不知，在成功的道路上，他们何止只受到冷落而已！

5. 主动感化的态度语言

有的销售人员在处理与客户之间的关系上有一种看法，即你对我好，我就对你好；你看不上我，我也不买你的账。这至少是一种不够大方的姿态。当然，人与人之间的交流是双向的，有时做一些必要的让步和牺牲，会取得意想不到的效果。

6. 谈论双方有共同点的话题

对方的不善言谈在销售过程中很容易使局面陷入尴尬。要想成为销售高手，必须掌握场面上善于没话找话的诀窍。没话找话的关键是要善于找话题，或者根据某事引出话题。因为话题是初步交谈的媒介，是深入细谈的基础，是纵情畅谈的开端。没有话题，谈话是很难顺利进行下去的。好话题的标准是：至少有一方熟悉，能谈；大家感兴趣，爱谈；有展开探讨的余地，好谈。

那么，怎么找到话题呢？

（1）众人都关心的话题。

面对销售对象，要选择客户关心的事件为话题，把话题对准客户的兴趣。这类话题是客户想谈、爱谈、又能谈的，自然能说个不停了。

（2）借用新闻或身边的材料。

巧妙地借用彼时、彼地、彼人的某些材料为题，借此引发交谈。有销售人员善于借助对方的姓名、籍贯、年龄、服饰、居室等，即兴引出话题，常常收到好的效果。"即兴引出"法的优点是灵活自然，就地取材，其关键是要思维敏捷，能作由此及彼的联想。

（3）提问的方式。

两个不太熟悉的人互相交流时，冷场是经常可能出现的情况。向河水中投块石子，探明水的深浅再前进，就能有把握地过河；与陌生人交谈也如此，先提一些"投石"式的问题，在略有了解后再有目的地交谈，便能谈得更为自如。例如，"您工作最近忙吗？""您孩子多大了？"等。

销售过程中常见的客套话如下：

　　青竹商城刚刚开业，为了有一个好的开始，商城的老板对所有的销售人员宣布："谁做成了第一笔生意，谁就将获得1 000元奖金。"

　　为了得到这1 000元奖金，所有的销售人员都使出了浑身解数。

　　然而，销售人员都清楚，来到刚刚开业的商场，大多数的客户都持有一种"看看这里到底怎么样"的心理，真正想要购买商品的客户只占很少一部分。

　　有几位客户进门了。其中有一位女士停在了小王的化妆品专柜前，小王抓住这个时机，热情地招呼说：

　　"您好，欢迎光临，有什么要我帮忙的吗？"

　　女士没有说话。

　　小王又问："您看中了哪一种？需要我给您建议吗？"

　　女士有些不耐烦地说："我随便看看！"

　　情况突然陷入了沉默。但小王决定不放过这次机会。眼看女士马上就要离开，小王稍稍提高了声音说道："其实您的皮肤很好，不涂任何化妆品都会很好看。"

　　女士听了这句话很开心，但还是没有打算买东西的样子，却不急着离开了。小王又说："但是也不能不注意保养，只有保养得好，皮肤才不容易衰老。如果不注意保养，再好的皮肤过了25岁都会开始衰老，挡也挡不住。等到那个时候再开始保养，就已经来不及了。"

　　女士抬起头说："那什么样的保养品比较好呢？"

　　"您属于混合性皮肤，根据我的经验，您应该适合这一种。"说着，小王从柜台里拿出了一瓶化妆品。"这个牌子的化妆品质量好，效果也好，而且价钱也不贵，更重要的是厂家已经有一百多年的历史了，品质绝对是信得过的，您可以放心使用。"

女士有些犹豫不决，拿着瓶子闻了又闻。

小王见状又说："这种是雨天过后小草的清香，刚开始闻可能不太习惯，但是它的确很迷人，可以给人一种清新的感觉，这跟您的气质也很适合。而且我们商场刚刚开张，肯定是全市最低价。"

女士听了，不再犹豫，随即买下了这件商品。临走时她对小王说："你真是厉害，其实我本来只是打算随便看看的，昨天刚买了一瓶，你看，在你的劝说下，我又买了一瓶。"

最终，小王赢得了那份奖金。

小王的成功之处就在于说了一些客套话，避免冷场，因为一旦冷场，就给客户制造了离开的机会。

（4）找到共同爱好。

问明对方的兴趣，然后发问，能顺利地进入话题。例如，对方喜爱足球，便可以此为话题，谈最近的精彩赛事、某球星在场上的表现以及中国队与外国队的差距等，都可以作为话题而引起对方的谈兴。引出话题，类似"抽线头""插路标"，重点在引，目的在于引导对方聊天。

孔子说，"道不同，不相为谋"。只有志同道合，才能谈得拢。中国有许多"一见如故"的美谈。陌生人之间要想谈得投机，要在"故"字上做文章，下面是变"生"为"故"的几个方法。

① 适时切入。

看准情况，不放过应当说话的机会，适时插入交谈，适时地自我表现，能让对方充分了解自己。交谈是双向活动，光了解对方，不让对方了解自己，同样难以深谈。客户如能从你"切入"式的谈话中获取有用的信息，双方会更亲近。适时切入，能把你的知识主动有效地传递给对方，实际上符合互补原则，奠定了"情投意合"的基础。

②借用媒介。

寻找自己与客户之间的媒介物，以此找出共同语言，缩短双方距离。例如，见客户手里拿着一件什么东西，可问："这是什么？……看来你在这方面一定是个行家。正巧我有个问题想请教你。"对客户的一切显出浓厚兴趣，通过媒介物引起客户注意，交谈也会顺利进行。

③留有余地。

留些空缺让客户接口，使对方感到双方的心是相通的，交谈是和谐的，进而缩短距离。因此，和客户交谈，千万不要把话讲完，把自己的观点讲死，而应是留有余地，欢迎探讨。例如，面对冷落你的客户，早上见面时，你可以主动上前去问候一声"早上好"；周末之余、节假日里，可以主动邀请对方去参加一个舞会，或者就近做一次短程的旅行；当对方乔迁新居时，可以主动去当个帮手等。如果你能这样去想、去做，是完全有可能改变对方的态度的。有道是："精诚所至，金石为开。"此时在客户的心目中就会成为值得信赖的销售人员。

用客套话引客户讲话

销售工作的前提就是要与客户进行有效沟通。当客户一言不发时，通常情况下意味着他对你的销售存在排斥心理。这时，就要想方设法地打开客户的"话匣子"。

某城市中有一家生意很好的包子店，地点选得极佳，装潢也很别致。一天，一位销售人员登门拜访想向老板销售绞肉机。

当这位销售人员步入店中的时候，老板正在做包子，根本没时间搭理他。后来，遇到老板娘，销售人员向她打了个招呼，却也被尴尬地"晾"在一边。

销售人员决定改变一下沟通策略，于是一周后再次访问包子店。

这次，一进门，销售人员便首先选购了10个包子，并请老板代为包好，又买了两个放在盘子里，一边品尝，一边和老板聊了起来。

"老板，您做的包子很好吃，皮很有嚼劲，里面的馅一点都不粘牙！您是怎么做的？用的是什么蒸笼？还有您的豆沙馅甜而不腻，用的是砂糖吗？"这一连串的有关包子的问题激发了老板的兴趣。

"是啊，先生，您真有眼力。讲起包子，馅最重要，绝不能直接掺糖水。您说这包子皮很好，真是个行家！"

销售人员赶忙说道："哪里，哪里，是您的包子做得好！"

老板接着继续说："这包子皮是我用擀面杖一个一个擀出来的，而不是用机器压出来的。机器压的快是快，可是客人们吃起来没有嚼劲。总归一句话，做生意不完全是为赚钱啊！要让客人们尝尝我的好手艺……"

说到这儿老板突然想起什么似的说道："啊！对啦，我记起来了，您前些日子来过一次，有何贵干吗？"

"噢！我是食品加工机械厂的销售人员。上次来本想给您介绍一个好帮手，但恰巧您生意很忙，不便打扰。今天我是专程来买您的包子作为礼物送给朋友。喔！那里摆的那个盆景也是您的杰作吗？真看不出来，您也喜欢盆景！"

"先生，您说给我介绍好帮手，是什么好帮手啊？"

……

最终，这位销售人员如愿以偿，也让包子店老板觉得认识了一位知己，双方都很高兴。这位销售人员此次面谈的成功，就在于他用提问的方式来说话，而且他所提的问题都是客户最熟悉、最得意的事情。

但凡客户不愿说话，有下列5种原因：

（1）客户担心自己一旦开口，销售人员会更加积极鼓励自己买他的东西；

（2）不讲话，使销售人员摸不清自己的底细；

（3）性格本来就是沉默寡言；

（4）因为讨厌对方，所以不讲话；

（5）不知道说什么才好。

事实上，不愿讲话的客户并非绝对不开口，只要有恰当的话题和氛围，他也能谈得很开心。而销售人员就要从这里入手，针对客户关心的事情，提出问题，去征求他的意见，一定能与客户愉快地谈起来。

因此，结论是：对于不爱讲话的客户，要先问他，引他讲话。

你一定在电影上看过那些资深的律师，在法庭为被告辩护时，一定是一步一步诱导原告说出对被告最有利的情况。

所以销售人员在交谈中，要设法激发和引导客户谈话。

日本的井植薰最初在松下幸之助的松下电器公司工作，后又在三洋电器公司工作，担任三洋电器公司的总经理。他从事实用电器企业经营管理的时间很长、经验很丰富，而且别具一格，在日本可算是一位著名的企业管理家。

有一天，他来到一家零售商店，和老板寒暄了几句后，就谈起了这个店的销售情况。谈话间，有个小孩来店里买灯泡。井植先生中断了与老板的谈话，站在一旁看着老板拿出一个灯泡交给孩子，收钱、找钱，孩子离去。

"老板，刚才的孩子是谁家的？"

"不知道，大概是附近的吧。"

"平常你就是这么做生意的吗？这样，你的店是不可能发展的。你为什么在男孩来买灯泡的时候，不向他多说几句话呢？"

"我不是卖了灯泡吗？钱也赚了。"老板有些不服气，"你说还应该怎么办？"

"失礼了，要是我就这么办。"井植先生对老板说："在小孩来店买东西的时候，如果我不认识这个孩子，我就和他交谈起来，问他的家住在什么地方，家里有些什么人，并说上几句客套话，'小朋友，上几年级了，长得可真高啊！'在拉家常时，我把灯泡卖给他，并说，'回去用了灯泡，看好不好用，如果不好，就让妈妈来退；如果好，告诉我，让我知道，好吗？'这样，他们全家都知道了有这么一个热情的电器商店，下次再买电器，肯定还会来这买的。你说是不是？"

老板醒悟过来，说："做生意还有这么多的学问，以后我也试试。"

井植薰认为，要和客户多说话，要设法让客户多说话，并在和客户商谈过程中，使客户自愿购买产品或提出要求、意见和建议。这就是井植薰的销售观。

作为销售人员，你必须能说会道，只有这样，客户才能了解你的产品。尽量让客户多说话，是一种高明的做法。这样，一是可以满足客户向人倾诉的心理愿望；二是可以了解客户的基本情况和需要。这样销售起来就能做到有的放矢、易如反掌。

最后，应该引起注意的是，诱导对方作出你所期待的行动和态度的关键，还在于你说话的语气和态度，这也是不容忽视的。

善于把客套话当真

说客套话的目的无非是为了拉近销售人员与客户双方的距离。在实际实流中，客套话随口而出可能是答应对方一些事情，如果你对此没有充分认识，说过就忘记了，那可能就会坏事。因为你可能是随口说说，而对方却放在心上，如果你没有做到，那就是辜负了你自己的承诺，让对方失望了，这样怎么能销售成功呢？

乔·理特奉上司指示，秘密进入某家公司进行消费调查。正巧理特认识这一家大企业公司的董事长，这位董事长很清楚该公司的行政情形，理特便亲自登门拜访。

当他进入董事长室，才坐定不久，女秘书便对董事长说："很抱歉，今天我没有邮票拿给您。"

"我那12岁的儿子正在收集邮票，所以……"董事长不好意思地向理特解释。

理特便说："我有朋友在银行国外科，每天都有许多来自世界各地的信件，有许多各国的邮票，我改天带点过来给您。"

接着理特便开门见山地说明来意。可是董事长却含糊其词，一直不愿作正面回答。理特见此情景，只好离去。

第二天下午，理特又去找那位董事长，告诉他是专程给他儿子送邮票来的。董事长热诚地招待了他。理特把邮票交给董事长，他面露微笑，双手接过邮票，就像得到稀世珍宝似地自言自语："我儿子一定高兴得不得了。多有价值！"

董事长和理特谈了40分钟有关集邮的事情，然后没等理特开口，他就主动说出了理特要知道的内幕消息。理特没想到区区几十张邮票竟让他圆满地完成了任务。

一句看似平常的客套话，一个真心的举动，一些不值钱的小礼物，打动了董事长的心，理特也顺利地完成了销售任务。人们常说："要讨母亲的欢心，莫过于讨得她孩子的欢心。"聪明的销售人员应该利用孩子在交际过程中充当沟通的媒介，一桩看似希望渺茫的事，经过孩子的"帮助"，反倒迎刃而解。其实，再强硬、再难打交道的客户，只要能找到他感情的软肋，那么事情就好办。

王东是某著名空调厂家的销售人员，两个月以来，他没有卖出任何商品，这在他的销售生涯还是第一次出现。他暗暗发誓：今天一定要卖出一台空调，否则将辞去这份工作。

怀着这样的心情，他敲响了一户人家的房门。

"您好，可以占用您几分钟的时间吗？我是空调的销售人员，这次厂家搞活动，空调降价幅度高达20%，如果您有意向购买空调的话，这是一个绝好的时机。"

女主人露出感兴趣的神态，说："是吗？我正想买一台空调，我家的刚好坏了。"

经过一番详细介绍，女主人还是犹豫不决："这真的是最大优惠了吗？我听说另外一种牌子的空调也在搞活动，他们是买一台空调，赠送一台微波炉。你们为什么不这样做？我想我还是买那一家的比较划算。"

王东认为女主人的话有些离谱，就想开个玩笑，于是笑了笑说："好吧，如果您购买我们的商品，我们就可以赠送给您一台微波炉！"

女主人听后，信以为真，立即打电话给王东所在的厂家，问道："如果我在贵公司购买空调，是否可以赠送给我一台微波炉？你们的业务员在我这里，是他跟我说的。"

王东所在的厂家十分重视此事，为了维护公司的信誉，以及对王东的这种不负责任的承诺的惩罚，公司决定：卖给这位女士空调，而且按照承诺，赠送给她一台微波炉，只不过微波炉的钱由王东来出。从此以后，这件事就成了公司教导其他员工的反面教材。

在交际场上，说出去的话就像泼出去的水一样，无法收回。

"不管怎么样，这次价格让您便宜两成！"

"无论什么时候都免费进行维修！"

"这个和那个就白送给您了！"

销售人员在总想卖出、让对方买下的心理的支配下，很容易会无意中说出多余的客套话来，而给对方额外的许诺。

因此在说出没有商量余地的客套话之前，一定要在脑子里盘算一下，必须明确表明：在某种范围内自己要承担一定的责任。

处理纠纷时更必须注意不要做口头上的许诺，千万不要为了安慰对方而说出对自己、对自己公司不利的事，如果对纠纷内容没有十分的把握，就不要依对方所说的去办。

"我方将很快作出处理，请原谅！""那件事，我会负责的。""这个我知道怎么处理！"等慎用。俗话说："君子一言，驷马难追。"答应别人的许诺是要兑现的，即使客套话也不例外。

当今社会，说话开"空头支票"已成为一些人的习惯，嘴上说得好听，做起来却是另一套。一旦时间久了客户认清了你的本来面目，你说得再好听也无法把话说圆。

"空头支票"是个人信用的组成部分，一旦开出而不能兑现，必然使自己的信誉度降低，因此，"空头支票"还是少开为佳。轻率地许诺，很容易被抓住这样的把柄：

"那时你曾发话，责任由你承担的！"

"你向我们许诺过！"

不要在纠纷的当场许下诺言，而应该采用以下的话来平息纠纷：

"我们一定会努力查明问题的真相！"

"待和上司商量后，我们将酌情妥善作出处理！"

"这件事还是让我考虑考虑吧。"

"我试着做吧。"

有时语言表达容易含糊不清，所以一旦找到对方能理解的妥协点，就要清楚说明哪些能做、哪些不能做，而认真地予以解决。如果有可能的话，最好将其付诸书面形式，处理纠纷也是商业交涉，最后一定要弄得一清二楚。

如果你总是对客户开"空头支票"，这个"行"、那个"没问题"，但又不付诸实际行动，那么你将失去客户的信赖，与客户的关系也难以维持下去。

说客套话"礼"字当头

中国是礼仪之邦，商谈时能否顺利达到目的，一个"礼"字有时会起到很大的作用。

营业员张琪是一个大大咧咧的女孩。一天，一个小男孩来到她所在的玩具部，张琪看见小男孩长得十分可爱，就想逗一逗他，于是顺嘴就说："小破孩想买什么呀？"

小男孩看了看她说："我才不是小破孩呢！阿姨不懂礼貌，我不买阿姨的东西了。"然后转身跑了。

张琪笑了笑，认为是小孩子调皮，就没放在心上。

过了一会儿，又来了一位白发苍苍的老人，张琪观察了一下，发现这位老人很可能是给孙子选玩具的，因为他总是看男孩类的玩具。张琪为自己的观察仔细窃喜不已，为了抓住这笔生意，她又主动开口打招呼说："老头，我建议你还是买那种冲锋枪吧，现在的淘气孩子都喜欢玩这个！"

正拿着一个小汽车的老大爷听了，什么也没有说，就放下了手中的玩具，离开了。

张琪的失败就在于不懂礼貌，虽然她没有什么恶意。据调查发现，没有素质的销售人员是最不受欢迎的人。要想让客户认可你的商品，首先就要让他们认可你这个人。素质好的销售人员更容易赢得他人的好感，也更容易赢得他人的信赖。谁会愿意买一个没有素质的销售人员的东西呢？

在销售过程中，讲礼貌的重要性是不容忽视的。"人而无礼，不知其可"，粗俗的言行与得体的言行将产生截然不同的效果。

和客户打交道，总是以称呼开头，就好像是一个见面礼，又是进入销售工作的通行证。称呼得体，可使对方感到亲切，交往便有了基础。称呼不得体，往往会引起对方的不快甚至愠怒，双方陷入尴尬的境地，致使销售受阻甚至中断。那么，怎样称呼才算得体呢？

1. 考虑对方的年龄特征

见到长者，一定要用尊称；另外，还需注意，看年龄称呼人，要力求准确，否则会闹笑话。例如，看到一位20多岁的女子就称"大嫂"，可实际上人家还没结婚，这就会使人家不高兴。

2. 考虑对方的职业特征

如今人们相互之间的称呼越来越多样化，既不能都称"师傅"，也不能统称"同志"。例如，对外企的经理和外商，就不能称"同志"，而应称"先生""小姐""夫人"等。对刚从海外归来的港台同胞、外籍华人，若用"同志"称呼，有可能使他们感到不习惯，而用"先生""太太""小姐"称呼倒会使他们感到自然亲切。

3. 考虑对方的身份

有位大学生一次到老师家里请教问题，不巧老师不在家，他的爱人开门迎接，当时不知称呼什么为好，脱口说了声"师母"。老师的爱人感到很难为情，这位学生也意识到似乎有些不妥，因为她也就比自己大10多岁左右。遇到这种情况该怎么称呼呢？按身份，老师的爱人，当然应称呼"师母"，人家因年龄关系可能不愿接受。最好的办法就是称呼"老师"，不管她是什么职业（或者不知道她从事什么职业），称呼别人"老师"含有尊敬对方和谦逊的意思。

4. 考虑自己与对方之间的亲疏关系

在与多人同时打招呼时，更要注意亲疏远近和主次关系。一般来说，以先长后幼、先上后下、先女后男、先疏后亲为宜；在外交场合，宴请外宾时，这种称呼先后有序更为重要。1972年，中国前总理周恩来在欢迎美国前总统尼克松的招待会上这样称呼："总统先生，尼克松夫人，女士们，先生们，同志们，朋友们！"这种称谓客气、周到而又出言有序的外交家的风度，给人们留下了深刻的印象，是值得学习的典范。

5.考虑对方的语言习惯

在销售过程中，还要注意各地的语言习惯。违背了当地的语言习惯，就可能"碰钉子"。

几个年轻人结伴去旅游，他们从避暑山庄出来，想去外八庙，为了抄近路，两个小伙子上前去问路，正遇上一个卖鸡蛋的农家姑娘。一个小伙子上前有礼貌地叫了声："小师傅！"开始这姑娘没有答应，小伙子以为她没听见，又高声叫一声，这下可激怒了这位姑娘，她嘴上也不饶人，气呼呼地说："叫谁小师傅呢！"本来是有礼貌的问路，反倒挨了一顿骂。这是为什么？后来他们才知道，当地的农民管和尚、尼姑称为"师傅"，一个姑娘怎愿意听人称她"小师傅"呢？

礼仪看起来好像简单，但处理不好会耽误大事。

谁都愿听顺耳话，明白了这一点，在销售的过程中就应该知道怎么做了。

在特定情况下说有"弹性"的客套话

在一些不必要、不可能或不便于把话说得太实、太死的时候，利用模糊语言可以让你的表意更有"弹性"。

销售人员甲：那个客户又来退货了！他已经连续退了3次了，每次拿走了新的吸尘器，都会在最后的退货期限来退掉，这很明显是在占便宜嘛！

销售人员乙：是啊，碰上这样的客户真是没有办法。

销售人员甲：这次怎么办？还让他退掉吗？我敢打赌，那个吸尘器绝对没有问题！

销售人员乙：不能再让他这么占便宜了！

销售人员甲：那怎么办？不给他退，他会投诉我们的！因为他并没有超过退货期限。

销售人员乙：我们今天把他敷衍过去，然后向经理报告，由经理出面解决这个问题吧，我看只能这样办了。

客户：小姐，这个吸尘器我不要了，给我退掉。

销售人员甲：为什么呢？它不是挺好的吗？

客户：反正我不想要了，现在还没有超过7天，我有权利把它退掉！

销售人员甲：这个吸尘器存在质量问题吗？如果存在质量问题，我们可以给您换一台新的。

客户：没有，但是……

销售人员甲：噢，没有就好。

客户：小姐，我想……

销售人员甲：真的不存在质量问题？要不要我来检查一下？

客户：的确没有……

销售人员甲：由于您要退货，我们的经理现在不在，这个问题我们没有权力处理。

客户：前两次不就是你们两个处理的吗？

销售人员甲：因为这种吸尘器遭到退货的次数比较多，所以经理说要由他专门来处理这样的事情，经理现在不在公司，我们也不清楚他什么时候回来，真是抱歉。

客户：这样啊，那好吧，我明天再来。

两位销售人员就这样化解了摆在面前的难题，他们说了一些不确定的话，让那位难缠的客户觉得再耗下去也没有什么意义。这种模糊客套话既不至于得罪客户，给自己引火上身，又可以使自己摆脱不必要的麻烦，把难以解决的事交给更有权力的人，实在是聪明之举。

有这样一则寓言故事：

百兽之王狮子想找借口吃掉其他兽类。于是，它张开大口让百兽闻自己的口是香还是臭。首先轮到狗熊，它闻后如实地说："有股肉的腥臭味。"

狮子怒道："你不尊重我，留你何用！"于是将狗熊吃掉了。

到了第二天，轮到猴子来闻。鉴于狗熊的教训，它乖巧地说："呦，好一股肉的清香味啊！"狮子又怒道："你溜须拍马，留你何用！"于是又将猴子吃掉了。

第三天，轮到兔子来闻。它知道，说臭要被吃掉，说香也要被吃掉，于是它凑到狮子嘴边，故意闻得十分认真但却不开口。

狮子急了，催它快说。兔子便说道："报告大王，我昨晚受了风寒，感冒鼻塞，实在闻不出是臭还是香。等我鼻子通了，再来闻吧。"狮子无奈，只好放了兔子。

兔子正是巧妙地回避了这个难以答复的问题，才得以保全了自己的性命。

为了保全自己的某种利益，你可以设法避开这类难以应付的问题。有时候为了照顾自己的面子，你也要学会避开别人的提问。

有这样一个善于闪躲质问的人，他回避问题的本领相当高明。

如果有人问他："你可曾读过《堂吉诃德》？"

他会回答："最近不曾读。"其实他根本没读过。

有人问他："你可曾读过但丁《神曲》中的地狱篇？"

他会回答："英文本没读过。"其实他也根本没读过。但他的回答会让人产生误解：他读过这诗篇；他精通14世纪的意大利文；他是文学纯粹主义者，不屑读翻译本。

汉高祖刘邦也非常熟悉这种"回避"的技巧。

项羽自尊霸王后，想谋杀刘邦。范增出主意说："等刘邦上朝，大王就问他，'寡人封你到南郑去，你愿不愿意去？'如果他说愿意，你就说他意图养精蓄锐，有谋反之心，可以绑出去杀掉；如果他说不愿意去，你以其违抗王命杀掉他。"

刘邦上殿后，项羽一拍案桌，高声问道："刘邦，寡人封你到南郑去，你愿不愿意去？"

刘邦答道："臣食君禄，命悬于君。臣如陛下坐骑，鞭之则行，收辔则止，臣唯命是听。"

项羽一听，无可奈何，只好说："刘邦，你要听我的，南郑你就不要去了。"

刘邦说："臣遵旨。"

刘邦的语言，避开了项羽问话的前提，故意说对项羽忠心耿耿，"唯命是从"，从而使项羽找不到借口杀自己，为自己日后卷土重来保留了机会。

巧妙回避不宜直言的问题，最好的方法就是利用模糊语言的方式，自己既不算说谎，又可以避免难堪的场面出现。学会了使用模糊语言，你也就学会了客套话中的精髓。

客套话太多就成了可气话

谈话的目的在于沟通双方的情感，增加双方的兴趣。销售人员在绝大多数情况下，都是跟陌生人沟通的，为了与陌生人达成一致的态度，客套话肯定是必不可少的，但是从另外一个角度来讲，过多的客套话也有可能变成横挡在双方中间的"墙"，如果不把这堵"墙"搬走，就会影响与客户间的顺利沟通。

经过1个月的培训，麦克学会了部分销售的知识，今天是麦克走上销售岗位的第一天，他将去拜访他有生以来的第一位客户。在培训当中，麦克知道见到客户一定要有礼貌，为了增加与客户之间的亲密感，一定要说一些场面上的客套话。经过周密的准备，他敲响了客户的门。

"请问您找谁？"一个中年男子开了门。

麦克彬彬有礼地回答道："请问您是安德森先生吗？我是麦克，很高兴认识您。"说着，麦克伸出了手。主人礼节性地握了握手，又问道："认识您我也很高兴，但是您找我有什么事呢？"

"冒昧地打扰，真是不好意思。耽误了您的休息时间，也非常过意不去。您可以原谅我吗？"

"噢，没关系。您有何贵干？"

麦克从开着的门看了一眼屋内的摆设，故意夸奖说："看您屋内的摆设，就知道您是一个会生活的人，我说得没错吧？"

"谢谢您的夸奖，但是您究竟有什么事？"主人有些不耐烦了，屋内热水壶也鸣叫起来，告诉他水烧开了。

"嗯，再一次谢谢您能够抽出时间来跟我说这么多的话，我真得很感激。事实上，我还想再耽误您一点时间，来说说……"

"够了！"主人焦躁地说，"你已经耽误我够多的时间了！"接着，门就被"砰"的一声关上了。麦克目瞪口呆，不明白这是怎么一回事，难道自己对客户还不够礼貌吗？

客套话说得还不够吗？事实上恰恰相反，麦克的失败就在于一味地认为客套话才是拉近关系的唯一方法，而忽视了因过度客套而带来的反面作用。

有的销售人员会片面地认为，多说客套话就等于做到了说话礼貌。实际上，客套话是一把双刃剑，一方面能让客户感受到你的礼节和敬意；另一方面也因过于客套而拉大你们之间的距离。因此，过度客套反而会阻碍你与客户之间善意的、坦诚的交流。因为你不能总是无休止地客套，必须迈出实质的脚步，才能真正实现自己的目标。

适度的客套可以应用在销售中，为多赢得一个客户和巩固彼此的关系而发挥巨大的作用。因为对于销售人员来说，成功的销售必须有一个成功的人际关系网，你的人际关系网越大、越牢固，你的成功机会也就越大。

美国总统弗兰克林·罗斯福在就任总统之前，曾在海军部担任要职。有一次，他的一位好朋友向他打听在加勒比海一个小岛上建立潜艇基地的计划。罗斯福神秘地向四周看了看，压低声音问道："你能保密吗？""当然能！""那么，"罗斯福微笑地看着他说，"我也能。"

弗兰克林·罗斯福用轻松幽默的客套语言委婉含蓄地拒绝了对方，在朋友面前既坚持了不能泄露机密的原则立场，又没有使朋友陷入难堪，取得了极好的语言交际效果，以至于在罗斯福死后多年，这位朋友还能愉快地谈及这段总统轶事；相反，如果罗斯福表情严肃、义正辞严地加以拒绝，甚至心怀疑虑，认真盘问对方为什么打听这个、有什么目的、受谁指使，岂不是小题大做、有煞风景，其结果必然是两人之间的友情出现裂痕甚至危机。

委婉地客套地拒绝能让对方知难而退。例如，有人想让庄子去做官，庄子并未直接拒绝，而是打了一个比方，说："你看到太庙里被当做供品的牛马吗？当它尚未被宰杀时，有人喂食，吃着最好的饲料，的确风光，但一到了太庙，被宰杀成为牺牲品，再想自由自在地生活着，可能吗？"庄子虽没有正面回答，但一个很贴切的比喻已经回答了，让他轻松解决了交往中的大忌，而没有得罪人。

假如你到一个客户家去拜访，你对客户异常地客气，你每说一句话，让客户只回答"是、是"，唯恐你不高兴。如此一来，对方一定觉得如芒刺背，最终逃之夭夭。

与客户第一次见面略说客套话后，第二次、第三次的见面就要尽量少用那些"阁下""府上"等名词，如果一直用下去，则真挚的友谊是无法建立的。

客套话是表示你的恭敬或感激，而不是用来敷衍的，所以要适可而止。过多的客套就显得迂腐和虚伪。有客户替你做一点小小的事情，例如，递过一杯茶，你说"谢谢"也就够了。要是在特殊的情形下，那么最多说"对不起，这事情要麻烦你"也就足够了。但是说："谢谢你，真对不起，我不该拿这些小事情麻烦你，真使我觉得难过，实在太感激了……"一大段话反而会让对方觉得不舒服。

如果像背熟了的成语似的流水般说出来的客套话，显然是在敷衍应酬，容易使对方产生不快。

显然，过度的客套话是令人痛苦的，"己所不欲，勿施于人"，请你谨记这句至理名言。

改变惹人厌的客套方式

不良的谈吐习惯是销售人员在销售过程中与人交谈时较为忌讳的。如果你是一个男性，谈吐不雅将会让你的能力、权威及说服力大大受损；如果你是一个女性，它会使你失去自己应有的魅力和吸引力，使人在初次听到你的声音时退避三舍。

那么，在说客套话的时候，有哪些说话方式是惹人讨厌的呢？下面列举6种以供大家参考。

1.使用鼻音说话

这是一种常见且影响极坏的缺点，当你使用鼻腔说话时，你就会发出鼻音。如果你使用大拇指和食指捏住鼻子，你所发出的声音就是一种鼻音。

如果你使用鼻音说话，当你第一次与人见面时，就不可能吸引他人的注意。你的话让人听起来像在抱怨、毫无生气、十分消极。不过，如果你说话时嘴巴张得不够，声音也会从鼻腔而出。当你说话时，上下齿之间最好保持半寸的距离。鼻音对于女人的伤害比对男人更大，你不可能见到一位不断发出鼻音却显得迷人的女人，如果你期望自己在他人面前具有极大的说服力或者令人心旷神怡，那么你最好不要使用鼻音，而应使用胸腔发音。

2. 有口头禅

在平常与人讲话或听人讲话之时，你经常可以听到"那个""你知道""他说""我说"之类的词语，如果你在说话中反复不断地使用这些词语，那就是口头禅。口头禅的种类繁多，即使是一些伟大的政治家在电视访谈中也会出现这种毛病。

有时，你在谈话中还可以听到不断的"啊""呃"等语助词，这也会变成一种口头禅，请记住奥利佛·霍姆斯的忠告——切勿在谈话中发出那些可怕的"呃"音。如果你有录音机，不妨将自己打电话时的声音录下来，听听自己是否出现这一毛病。一旦弄清自己的毛病，那么在以后与他人讲话的过程中就要时时提醒自己注意这一点，当你发现他人使用这些口头禅时，你会感到这些词语是多么令人烦躁，多么单调乏味。

3. 小动作过多

检查一下自己，你是否在说话时不停地出现以下动作：坐立不安、蹙眉、扬眉、扭鼻、歪嘴、拉耳朵、扯下巴、挠头发、转动铅笔、拉领带、弄指头、摇腿等。这些都是一些影响你说话效果的不良因素。当你说话时，听众就会被你的这些动作所吸引，他们会看着你这些可笑的动作，根本不可能认真听你讲话。

有一位公司老板，当他作公开讲话时，总是让自己的秘书与观众站在一起，如果他的手势太多，秘书就会将一支铅笔夹在耳朵之上以示提醒。当然不可能人人做到如此。但在你讲话时，完全可以自我提示，一旦意识到自己出现这些多余的动作，赶紧改正。

4. 心不在焉

当你与别人握手致意时，你们彼此便建立起了一种身体的接触。眼神的交汇作用也同样重要，通过相互传递一种眼神，你们便可以建立一种人际关系。

眼神不仅可以向他人传递信息，你也可以从他人的眼神中接收到某些信息。你似乎听到他们在说："真有意思！""真令人讨厌。""我明白了。""我被你给弄糊涂了。""我准备结束了。""我十分乐意听你讲话。""我不想和你讲话"等。

当你说话的时候，你的眼睛也是否在说话？或者你故意回避他人的视线，而不敢与他人相对而视，因为那会令你觉得不适？你是否会边说边将眼睛盯在天花板上？你是否低头看着自己的双脚？你看到的是一大群人，还是一个个的人？总之，再没有比避开他人视线更容易失去听众了。

5. 回避别人的短处

短处人人都有，有的人可能自己心里也很清楚，可是由别人嘴里说出来就让人不舒服。俗话说："打人不打脸，骂人不揭短。"没有一个人愿意让别人攻击自己的短处。若不分青红皂白，一味地说对方的短处，很容易引发唇枪舌剑，两败俱伤。

回避别人的短处，是告诫销售人员在沟通中不要伤他人自尊。人生在世，各有所长，各有所短。若以己之长较人之短，则会目中无人；若以己之短较人之长，则会失去自信。这是沟通中尤其要注意的一点。

春秋时期，齐国宰相晏子个矮，有一次到楚国去出访。楚国的国君故意要以晏子的矮来要笑一番，于是吩咐只开大门旁的小门。晏子一看，便知楚王的用意，于是对门卫说道："我代表齐国出访，通常都是到大国从大门进，到狗国从狗洞进，只是没想到堂堂楚国竟然也会用狗国的礼仪来迎接我，看来我是来错了。"楚国国君本想羞辱晏子，却反过来被晏子好一顿差辱。

在与客户沟通中，要尽可能地避开对方的短处，这也是销售成功与否的关键之一。如果你老是把眼光盯在别人的短处上，总是将别人的短处当成攻击的对象，那么只会出现两种情况：一是对方不愿意再与你交往。如此一来，你的客户会越来越少，别人都躲着你、避开你，不与你计较，直到剩下你自己孤家寡人一个。二是对方也对你进行反击，揭露你的短处。这样势必造成互相揭短、互相嘲笑的局面，进而发展到互相仇视。如此，你的销售便会彻底失败，你在客户的印象和评价中也不可能好到哪里去。

但凡有短处的人都怕人提及。在沟通时，你一方面要尽可能地避免提及对方的短处，另一方面也完全可以从真正关心对方的角度出发，善意地为对方出谋划策，使他的短处变为长处，或者使他不为自己的短处而自卑，那么，你同样会得到对方的认可，而且还会因此得到对方的信任乃至感激。

不要将他人的短处放在嘴边，即使非说不可，也可以变通一下再说，这是一种口才技巧，也是获得友谊的技巧。俗话说："会说话的人让人笑，不会说话的人使人跳。"这就是语言的变通所能达到的不同效果。

6. 利用身体语言

同样道理，身体语言如耸肩、挥手、跺脚等对谈话效果都有着极大的影响。自从孩提时代起，人们在学会说话的同时，就开始懂得如何去"读"懂他人的意思。例如，当你做错了某一件事情而看到父母满脸怒气，你会赶紧避而远之。而当你成年以后，你需要的是人类的相互沟通，通过一些错综复杂的词语和手势，你就能明白他人所示之意。为了说服、劝说他人，为了与他人交流，仅仅靠语言还远远不够。你还必须借助于自己的面部表情、手势、肢体动作，以增强口头表达效果。有时，也会将这些东西与语言结合起来使用。在说话时，你可能会伴随着点头、皱眉、耸肩或竖起大拇指。碰到困境时会迫使自己保持冷静，开心时会表现出自己的激情与幽默。当你极度紧张、害怕或充满爱慕之情时，会想尽力掩盖自己的感情，但事实上，无法控制的身体语言却将你的内心表露无遗。

专家研究表明，视觉的影响不可低估和忽视。他们的调查显示：无论是两个私下谈话的人，还是一个在大庭广众之下的演讲者，有50%以上的信息是通过说话者的个人形象传递出来的，只有40%是经由性格和声色等来传递。他们调查后一个很有意思的结论是，与声音有关的因素比语言本身要更为重要，只有不足10%是受说话语言本身的影响。还有些研究的结果更为惊人：在两个人表达意思的方式中，语言与非语言的比率为35：65。正如面部表情可以向他人告知你的喜怒哀乐一样，如果你试图以一种单调乏味的声音说出自己要表达的内容，并且毫无面部表情，那听者一定会感到厌烦，而且你所传递的信息可能不会让他人真正理解。专家们做过一次实验，当人们以一种与实际信息相反的非语言方式发出信息时，非语言表达的效果是语言效果的5倍。如果以敌意的方式给出一种友好的信息，那让对方留有印象和保持记忆的不会是你所说的内容，而是你的表情。因此，当你要表达出一种十分准确的信息，而又担心会以一种不当的方式令人产生误解时，一定要对自己表现出来的表情和神态格外注意。

当你皱眉、微笑、目光呆滞时，都会给他人传递一种相关的信息。

非语言的表达方式有很多种，你在注重培养客套话"说"的能力的同时，也不能忽视对非语言表达方式的锻炼培养。

有许多种方法可以达到同样的目的。客套话也不一定非要采用说的方式，作为销售人员，也应学会用非语言方式来表达。

销售并不总是在熟人间进行，常常要与陌生人沟通。进入一个陌生的环境里，要迅速打开局面，要寻求理想的突破口。

有了突破口，便可以由点带面或由此及彼地去发挥，从而实现让对方在感情上接受你的效果，这样就能达到水到渠成的销售目的。

用客套话认错

"人非圣贤，孰能无过。"如果你错了，就及时承认，与其等别人批评、指责，还不如主动认错、道歉，这样更易于获得谅解和宽恕。主动道歉和认错是说客套话的重要组成部分。

王君是一位商业艺术家，他曾用礼貌道歉的话语得到了一个极易动怒的雇主的信任。王君在讲他这段故事时说：

"作广告图时，最要紧的是简明正确，有时不免发生些小错，我就知道有一位广告社主任，最喜欢在小地方挑毛病，我时常是不愉快地从他的办公室走出来，不是因为他的批评，而是他攻击的地方不当。最近我于百忙中替他赶完一幅画，他来电话叫我去看，到那果然不出所料，他显得非常愤怒，已经准备好了要批评我一顿。我却想到要用责备自己的方法，对他说，'先生，您所说的话不假，一定是我错了，而且是不可原谅的。我替您画画多年，应该知道如何画才是对的，我觉得很惭愧。'

"他立刻替我分辩说，'是的，你说得对，不过这并非大错，仅只……'我马上插嘴说，'不论错的大小，都有很大的关系，会让别人看了不高兴的。'

"他试图插嘴说话，但我却不给他任何机会。我有生以来第一次批评自己，我很愿意这样做。我继续说道，'我实在应该小心，您给我的工资很高，您理应得到满意的东西，所以我想把这幅画重新画一张。'

"'不！不！'他坚决地说，'我不打算太麻烦你。'他夺过我所作的画，说只需稍加修改就可以了，而且这一点小错，亦不会使公司受损失，仅是一点小问题，不必太过虑了。

"我急于批评自己，使他的怒气全消。最后他邀我一起吃点心，在告别之前他开给我一张支票，并又委托我画另一幅新的广告图。

"我承认自己错了，以显示主任的正确，抬高了他的地位，他高兴之余也不会再苛责我了。"

真心实意的认错、道歉，就不必过多地将责任推给客观原因，作过多的辩解。如确有非解释不可的客观原因，也须在诚恳的道歉之后再略为解释，而不宜一开口就辩解不休。否则，这种道歉不但不利于弥合裂痕，反而会扩大裂痕、加深隔阂。你自己说自己错，比从别人口里说出来要好得多。在你知道别人要说出你所有不对之前，你赶快找机会自己先说出来，使他无话可说。这样，你就有把握可以得到他的仁慈宽恕。一般人对于那些主动承认错误的人也是不会进一步责备的。王君的实例正好说明了这个道理。

一些成功的销售大师都认为，有错认错才叫会说话。没有人是不会犯错的，销售人员同样会犯错，也许会把某件产品的价钱搞错，也许会把关于某件产品的功能说错，更有可能会把有关产品的信息遗忘。但是，只要采用恰当的方式，真诚地承认错误，你就可以避免尴尬，也可以再次赢得客户的信任。

在历史上，许多能说会道的名人在辩论失利时仍死守自己的立场，因而惨败的情形不乏其例。在美国总统福特和总统候选人卡特共同参加的、为选举而举办的一次辩论上，福特对《纽约日报》记者马克斯·佛朗肯关于波兰问题的质问，做了"波兰并未受苏联控制"的回答，并说"苏联强权控制东欧的事实并不存在"。这一发言属明显的失误，当时立即遭到记者的反驳。但反驳之初记者的语气还比较委婉，意图给福特以修正的机会。他说："问这一件事我觉得不好意思，但是您的意思难道在肯定苏联没把东欧划为其附庸国？也就是说，苏联没有凭军事力量压制东欧各国？"

福特如果当时明智，就应该承认自己失言并偃旗息鼓，然而他觉得身为一国总统，面对着全国的电视观众认输，绝非上策，于是继续坚持，一错再错，结果为那次即将到手的选举付出了沉重的代价。刊登这次电视辩论会的所有专栏、社论都纷纷对福特的失策作了报道，他们惊问："他是真正的傻瓜呢？还是像只驴子一样的顽固不化？"

卡特也乘机把这个问题再三提出，闹得天翻地覆。

公开讲话也好，与人交往也好，犯错在所难免。而有些看似不经意的错误还可能带来严重的后果。所以，及时认错、及时低头，开诚布公地讲一些能让人谅解的客套话才是说话完美的表现。

另外，对销售这个特殊的行业来说，争辩并不是一个好的方法，当受到客户的指责时，不管对错与否都要先认错。指责别人有时只是一种个人情绪的发泄。如果被指责者不去计较，而主动低头，他说你一个错而你认两个错，反倒让他不好意思。

某客户到某商场送修一台三洋牌传真机，服务台接待员接过维修单据后，例行公事地让客户留下姓名、电话，并给客户一联取机单，说："修好后我们会打电话通知您，凭这张单过来取机就可以了。"

客户问："这传真机我急需要用，什么时候能修好啊？"

接待员不耐烦地说："时间不能确定，我们要拿到厂家维修，修好给您打电话就可以了。"

客户一听，生气了："你这是什么态度，修个十天半个月的，我还要不要用啊！你知不知道一天不用，我的损失有多大？你们到底有没有为客户着想？叫你们经理来！"

另一名接待员闻声便过来安抚客户："不好意思，我们进里面谈好吗？"边说边把客户请进了里间的维修室。

"对不起，刚才的事真的不好意思，由于传真机是技术参数较高的高科技产品，我们必须送到专业技术部检测，具体修好时间我们现在不能答复您。不过您放心，今天送去，明天结果会出来，根据故障的大小，我们明天答复您维修的大致时间，行吗？"

客户一听，语气也缓和了，说："其实我也并不是让你马上修好，只是你给个大概的时间，我也好安排我的事。"

"好，您放心，我们会以最快的速度维修。明天了解情况后，一定给您去个电话。"

"好，那麻烦你了。"

"不客气，您慢走！"

在销售过程中，受到客户指责的情况谁没碰到过？客户的指责也许有道理，也许根本就是小题大做，甚至无中生有。这时，有的销售人员本能的反应是立即还嘴反击，结果常常是由小吵演变成大闹，最后落个两不相让又互相伤害。其实细细想来，指责别人有时只是一种个人情绪的发泄，如果被指责者不去计较而主动低头，那就可能大事化小，小事化了。当遇到指责时，销售人员应该试试这一招。

给人面子的客套话

很多人经历过很多次面试，最令人害怕的是面试以后在家里等待的日子，因为不知道自己在面试过程中表现得怎么样，更猜不透招聘人员对自己的感觉怎么样。

其实，如果你留意招聘人员的客套话，就有可能判断出一些信息，推测出应聘成功的把握有几成。语言是一种比较复杂的艺术，如何理解招聘人员的话，对求职者来说非常重要。只要仔细琢磨，面试时招聘人员自然流露出的一些"蛛丝马迹"，可以帮助判断到底公司对你的兴趣有多大。

面试开始，当招聘人员收下你的应聘材料后，会用不同的语言来表示对你感兴趣的程度。例如，他说："材料先放在这里，有消息会通知你的"，这无疑是对你兴趣不大。

如果只是例行公事式的问答，估计你的希望不大；如果对方对你的专长问得很细，那么你很可能成功。

面试结束前的客套话最关键。如果对方只是面无表情地说："我们到时会有通知给你的。"那么你往往不会收到录用通知；如果对方热情地和你握手言别，或者再加上一句"欢迎你应聘本公司"的话，你就准备与他做同事吧！

在上面例子中，招聘人员给你的客套话"在家等通知"，这其实只是给你一个当场的面子而已，好给你个台阶离开，或另寻他路。如果你还以为有可能而在家等候，那就不是明智之举了。

同样，在销售中，这种情况无处不在。给人面子就是给自己销售的机会，这是每一个成功的销售人员都会使用的招数。

岳阳的销售成绩是公司上上下下有目共睹的，他已经作为公司的先进个人拿了两次先进奖了。当然，他的成功并不是随手得来的，有很多的经验已经在全公司被推广学习。其中，有一条就是会说既得便宜又卖乖的客套话，既让客户满意，又让自己满意，还得了一个好人缘的名声。

一天，在大家的要求下，他给大家做了一个示范。

客户问："这一套浴具多少钱？"

岳阳答："5 800元，这一套比较有档次，而且用着也舒服，质量可以绝对放心。"

客户问："这么贵？"

岳阳答："您能看上这一款，说明您是有眼光的。这一款是我们卖得最好的。"

客户："嗯，东西是不错，可以再便宜一点吗？"

岳阳故作犹豫的样子："这样吧，看在您是老客户的份上，我去跟我们经理商量一下，看能不能给您打个折，因为据我所知，这是最后一个了。您稍等一下。"说完，岳阳离开了。他转了一圈又回来说："本来经理说不可以，因为这种浴具的定价并没有高出进价多少，但是我跟他一再重申，说您是老客户了，经常光顾我们店，经理才勉强同意，说可以优惠您500元钱，您觉得怎么样？"

客户见岳阳真的是为自己的事尽心尽力，心里着实感激，很痛快地付钱走人了，还很高兴地对岳阳说："小伙子很实惠，下次我还来你这买东西！"

销售人员与客户在产品质量或其他方面发生意见分歧是常见的事，问题的关键是如何处理这些分歧。当面指责客户也是错误的，因为客户也是要面子的。

　　小宋刚上班的第一天，电话铃就响了。小宋拿起听筒，那头传来一个焦躁愤怒的声音，抱怨他们送去的木材大部分不合格。检验员报告说，有46％不合规格，决定拒绝收货。

　　小宋马上赶了过去，检验员满脸愠色，只等小宋开口。小宋见到他，笑了笑，说着一些客套话，根本不提木材质量问题，只是说："让我们去看看吧。"

　　在卸货卡车旁边，小宋请检验员把不合格的产品一一挑选出来，摆在另一边。小宋看检验员挑选了一会儿，发现他的猜测没有错，检验员检验得太严格了。

　　在当地，小宋检验木材还算一把好手。但他没有对这位检验员进行任何指责，只是轻言细语地询问检验员木材不合格的理由。小宋一点也没暗示他检验错了，只是反复强调是向他请教，希望今后送货时，能完全满足他们工厂的质量要求。

　　由于小宋和颜悦色，以一种非常友好合作的态度虚心求教，检验员慢慢高兴起来，双方剑拔弩张的气氛缓和了。这时候，小宋小心地提醒几句，让检验员自己觉得，他挑选出来的木材可能是合格的，而且让检验员自己了解，按照合同价格，只能供应这种等级的木材。

　　检验员的态度渐渐改变了。他坦率地承认，他对检验的经验不多，并反过来问小宋一些技术问题。小宋这时才谦虚地解释，运来的木材为什么全部都符合要求。小宋一边解释，一边反复强调，只要检验员仍然认为不合格，还是可以调换的。

　　检验员终于明白了，他自己指出，他把木材等级搞错了，按合同要求，这批木材全部合格。

尽量克制自己，不做当面指责别人的蠢事。小宋选择一种既不伤客户的面子又使问题得到妥善合理解决的方式，使一桩生意起死回生，减少了一大笔损失。更重要的是，他与这家工厂、与这位木材检验员建立了良好的关系，学会了处理销售纠纷的艺术，这一点，绝对不是金钱能够买到的。

缓解尴尬的客套话

在销售的过程中，经常会出现一些尴尬的事件，其中客户叫错销售人员的名字最为常见。因为在一般的情况下，销售人员先是在电话里预约与客户见面的时间，然后再与客户会面，而客户接到类似的电话肯定已经有很多个了，因此，发生客户叫错名字的事情也不足为奇。那么，当发生这样尴尬的局面时，应该怎样应对呢？

掌握一定的语言技巧，在与客户交谈时能够控制整个局面，带动整个谈话的方向，这是优秀销售人员必备的素质。因此，当面对被叫错名字的尴尬场面，销售人员应该以客套话来化解尴尬，让客户不至于紧张。这是化解尴尬的一种有效方法。

销售人员周月发经常被客户叫错名字，因为他的名字与一位著名影星的名字很相似。小周不但不认为这是销售的不便，反而把这当成是缓和气氛的契机。例如：

"您好，是张老师吗？我是盛德公司的小周，我前天跟您打电话预约的，您还记得吗？"见到客户，小周很有礼貌地说。

"噢，我想起来了，前天我们是通过电话，你的名字是周润发吧？"也许是周润发这个名字太熟悉了，张老师不小心脱口而出。

"您记错了，我叫周月发。"

张老师一愣，显得很尴尬："对不起啊，你看我，年纪大了记性也不好，别介意啊！"

小周笑着说："没关系，大家都说他没有我帅。"

张老师笑了："快请进。"

名字被弄错时，这种近乎诙谐的指正方法，反而会令大家皆大欢喜，更加融洽。

同样，在外面邂逅以前认识的朋友或同事，待上前去打招呼时，却因对方记不起自己的名字，致使彼此尴尬而散。这种情况也是常有的。

例如，参加讨论会或公司集训时，碰到过去曾经在一起工作的老同事，于是自己便很兴奋地过去打招呼："赵老师，好久不见了，您好吗？"

对方也像看到了熟面孔似的回答，可是寒暄问候的话一讲完，对方就显得很局促不安而想找理由离开。

假如你碰到这种情形，你会如何应变呢？

尤其像经常需要和很多人接触的人，虽然别人对他了若指掌，可是他却经常无法一下就叫出别人的名字。

通常遇到这种情形时，他们都会很自然、直截了当地向对方请教，比如说："请问您尊姓大名？"或"……您是哪位呢？"

可是对一般人来说，这种开门见山式的问答，似乎令人很难启口。

还有就是叫不出对方姓名时，既不敢开口请教，又害怕被对方看穿真相，因此，心虚、不安，于是当然就想尽早离去。

在前面的例子中，你可以很巧妙地把自己的名字夹在谈话中，这样说道："最近偶而也会碰到当时跟我们在一起的伙伴，他们还是老样子，仍然取笑我叫小呆。想从前，真是多亏您的照顾……"

这样对方可能就比较安心，至少不会急着想要打退堂鼓。

人难免会有忘记别人名字的时候，因此将心比心，即能体谅别人的处境，又能尽量避免让别人出洋相。

相反，要是自己想不起对方的名字时，怎么办才好呢？这时你可这样去应对：

"对不起，您可否给我一张名片？"

"嗯！名片吗？"

"是的，拜托！"

或许一开口就要名片，别人会感到唐突，因此，等接过名片后，你要再说："以后有机会，我即可很快地凭这张名片和您联系了……"

然后，你就可以依名片上的姓名来称呼对方了。

名字类似的人经常会有张冠李戴的笑话发生。

像朱华先生就是这样。因为在同一公司内凑巧就有一位老同事叫做"陈华"，因此，他就经常被误叫名字。

有一天，一位新分配来的女同事一时疏忽，又叫他"陈华先生"，他感到非常懊恼，因此就默不作声，不理睬对方。这样做显然是不对的。

被当面叫错名字，不论是谁都会觉得不舒服。可是当事者在那一瞬间的反应，将会造成截然不同的结果。

中国字中有很多同音异字的情形，例如，一个名字叫做"健"的人，难免会有被错写成"建""贱"等，这时候倒可以这么说："对不起，我的名字是健康的'健'呀！此'健'非彼'贱'哦！"

一个经常跟自己碰面的人，却搞不清自己的姓氏名字，这是令人很不愉快的事。可是，这也不是令人不能忍受的事，既然对方记不清楚，就再报一次姓名就好了，比如说："我叫朱华，这个名字也实在是太平淡了，不好记。"

另外，还可以把自己的特征和名字连在一起。

一时疏忽而弄错姓名的事，似乎屡见不鲜。其中有很多是没有把对方的姓名和外貌记清楚，所以才造成把别人姓名张冠李戴的错误。

无论如何，对被弄错姓名的人而言，如果不想办法叫对方记住自己，以后仍会经常有不愉快的情形发生。最好的应变方法之一，就是把自己外表的特征和名字连在一起告诉对方。以此类推，当发生其他尴尬的局面时，你同样可以将客套话灵活地应用。

见什么人说什么样的客套话

一个厨具商访问某公司餐厅的经理："请问您是否喜欢您目前的职业？"经理回答道："我不准备在此待一辈子，我想成为整个公司的经理。"这句话反映出他的人生目标。于是，这位商人就开始这样介绍自己的产品："您要是在您的餐厅里安装了金光闪闪的厨具，您的上司一定会意识到您善于经营，是个出类拔萃的人。然后您再把整个餐厅装潢得整洁高雅，那您所经营的餐厅一定会宾客如云，生意兴旺。您一定会被上司赏识，您也将前途无量。"那位经理二话不说，马上买了他的整套炊具。

上面的例子说明，销售要有针对性，销售过程中的客套话也不例外，也要讲究其针对性，即见什么人说什么样的客套话。

做生意讲究"见什么人说什么话"。由于每个人都有自己与众不同的性格，即使是同一需要、同一动机，在不同的客户那里，表现方式也有所不同。所以，为了能够真正把话说到客户的心坎上，生意人不仅要了解客户的需要、动机，还要对不同的客户有一个基本的认识，这样才能有的放矢。

下面列出10种不同类型的客户，以及针对他们不同的应对策略，如果销售人员能够对这些类型的客户做到游刃有余，那么销售工作将会更胜一筹。

1. 应对沉默寡言型客户

有些客户话比较少，只是问一句说一句。这不要紧，即使对方反应迟钝也没什么关系，对这种人该说多少最好就说多少。这种人说话是有一句是一句，所以反而更容易成为那种忠实的客户。

2. 应对喜欢炫耀型客户

有些客户好大喜功，老是喜欢把"我如何如何"挂在嘴上，这样的人最爱听恭维、称赞的话。要是对普通的人称赞5次就足够了，对这种人则应至少称赞10次以上，对他热衷的炫耀，需要有适当的聆听。总之，对这种客户听得越充分，称赞得越充分，销售成功率就越高。

3. 应对喜欢挖苦型客户

有些客户的确令人难以忍受，他好像只会说带有敌意的话，似乎他生活的唯一乐趣就是挖苦他人、贬低他人、否定他人。对于销售人员来说，这种人无疑是最令人头疼的对手。这种人虽然令人伤脑筋，但不应忘记他也有和别人一样的想要某种东西的愿望。这种人往往是由于难以证明自己，所以他希望得到肯定的愿望尤其强烈，对这种人还是可以对症下药的，关键是自己在这种人面前不能自卑，必须在肯定自己的基础上给他以适当的肯定。

4. 应对优柔寡断型客户

这种客户遇事没有主见，往往消极被动，难以作出决定。面对这种人，销售人员就要牢牢掌握主动权，充满自信地运用销售语言，不断地向他作出积极性的建议，多运用肯定性用语，当然不能忘记强调你是从他的立场来考虑的，直到促使他作出决定。

5. 应对知识渊博型客户

知识渊博的人是最容易面对的客户，也是最易使销售人员受益的客户。面对这种客户，应该不放弃机会而多注意聆听对方说话，这样可以吸收各种有用的知识和资料；要客气而小心地听着，同时，还应给以自然真诚的赞许。这种人往往宽容、明智，要说服他们只要抓住要点，不需要太多的话，也不需要用太多的心思，仅此就能够达成交易，当然是理想不过了。

6. 应对爱讨价还价型客户

有些客户对讨价还价好像有特殊的嗜好，即使是一碗面、一斤菜也非得要讨价还价一番不可。这种人往往为他们的讨价还价而自鸣得意，所以对这种人有必要满足一下他的自尊心，在口头上可以做一点适当的小小的妥协，可以这样对他说："我可是从来没有以这么低的价钱卖过的啊。"或者"没有办法啊，碰上你，只好最便宜卖了。"这样使他觉得比较便宜，又证明了他讨价还价的本事，他是乐于接受的。

7. 应对慢热型客户

有些客户就是急不得，如果他没有充分了解每一件事，你就不能指望他作出决定。对于这种人，必须来个"因材施教"，对他千万不能急躁、焦虑或向他施加压力，应该努力配合他的步调，脚踏实地地去证明、引导，慢慢就会水到渠成。这种做法对销售人员素质的培养也是有益的。

8. 应对性急型客户

首先要精神饱满，清楚、准确又有效地回答对方的问题，回答如果太拖泥带水，这种人可能就会失去耐心，没听完就走。所以对这种类型的人，说话应注意简洁、抓住要点，避免说一些闲话。

9. 应对善变型客户

这种客户容易见异思迁，容易作决定也容易改变决定。如果他已买了其他公司的产品，你仍有机会说服他换新的，不过，即使他这次买了你公司的产品，也不能指望他下次还来做你的忠实客户。

10. 应对疑心重型客户

这种客户容易猜疑，容易对他人的说法产生逆反心理。说服这种人成交的关键在于让他了解你的诚意，或者让他感到你对他所提出的疑问的重视。你可以这样说："您的问题真是切中要害，我也有过这种想法，不过要很好地解决这个问题，我们还得多多交换意见。"

下面列举四句最能博取他人好感的语句，供大家参考。

第一句：我能交上您这位朋友，真是感到无上光荣。

如果对方是公司不是个人，那么你的语句可以改为："能和你们公司做生意，真是感到无上光荣。"

第二句：您有什么意见？

这句话为什么具有威力呢？是因为询问对方的意见可以让他感到骄傲，满足他的虚荣心。

第三句：类似"请""抱歉"等礼貌用语之类的客气话。

如果你不断在所说的话之前，加上类似"请""抱歉"等礼貌用语，就可使说话的态度显得更为恳切和慎重。每一个人对说话态度恳切、慎重的人都会有好感。

第四句：谢谢您！

这是最具有威力的语句。为什么呢？通过下例你就明白了。

原一平是日本的"销售之神"，他成功的秘诀之一就是，在不同的场合，面对不同的人，为了达到不同的目的而讲不同的客套话。

一天，在原一平选购自己所要的东西时，身边传来这样的对话：

"这个多少钱？"

"是3万日元。"

"那个呢？"

"噢，那个要贵一点，但是质量好，要10万日元。"

"噢！那就给我质量好一点的那个好了。"

原一平认为，这是一个愿意花高价钱购买高品质商品的客户，并且具有很高的消费能力，卖东西给这样的客户，相对来说要容易得多。

等客户买完东西之后，原一平发现他进入了一所大厦。他快步跟进去，向大厦管理员询问："请问，刚才进入电梯的那位高个子的中年人是谁？"

"你是？"

"噢！是这样的，刚才我在路上掉了东西，幸亏他提醒了我。非常亲切的一个人，我问他姓名，他就是不说。我打算写信向他道谢，所以请您告诉我他的名字"

"原来如此。他是××公司的×××经理。"

"谢谢您！"于是，原一平记住了这位客户的名字，并不失时机地去拜访他。

就这样，通过对大厦管理员的几句客套话，把一位潜在客户的消息就打听出来了，这不能不说是一种能力。为什么这么说呢？如果原一平原原本本地告诉管理员，他的目的是想把自己的产品卖给那个人，那还会得到客户的详细资料吗？当然不会。

成功的销售人员大都会说客套话。因为在人际交往中，客套话已经成为人与人沟通的一种润滑剂。会说各种各样客套话的人，总能在人际交往中如鱼得水。对于销售人员来讲，销售成功在很大程度上是建立在人际关系成功的基础上的。因此，销售人员应该多学几种客套话，一定可以为你的销售业绩加分。

　　话务员：您好！三洋公司！

　　业务员：您好！麻烦您，帮我转一下业务部！谢谢！

　　……

　　业务部：喂？

　　业务员：您好！我找孙经理！

　　业务部：嗯？我们这没有什么孙经理！您打错了吧？

　　业务员：啊！不会呀！是三洋公司的业务部孙经理啊？你们这是三洋公司业务部吗？

　　业务部：我们这里是业务部！但没有孙经理，只有王经理。

　　业务员：哦！不会是我朋友搞错名字了吧？对不起，先生！那我就找王经理。麻烦帮我转一下，谢谢！

　　业务员：哦，等一下！

　　……

　　王经理：喂！哪里？

业务员：王经理您好！我是致美公司小陈。今天冒昧打扰您是有件事想请教您。

王经理：什么事啊？你怎么知道我的？

业务员：哦，刚才的先生介绍说您人很好，正好我想请教您关于节省电话费的事情。王经理，我想了解一下，你们公司的电话用的是电信还是网通？

王经理：哦，我们用的是电信，怎么了？

业务员：我们公司刚开发出一套节省电话费的系统，想请教一下王经理，贵公司每月电话费支出是否超出10 000元？

王经理：有超过啊！什么系统？怎么说？

业务员：是这样的。我们公司在寻找一些用电量特别大的信用企业，免费提供节省电话费的一套系统。我们这款产品技术相当成熟，目前在北京已经有10多家著名企业在使用我们的产品，所以今天想请教一下王经理，看看贵公司是否达到我们赠送的要求。

王经理：哦，免费？什么要求？

业务员：嗯，就是电话费方面，你们已经达到要求了。贵公司的信用方面我已经了解到了，还是非常好的，好多贵公司的客户都称赞贵公司呢。

王经理：那是！你这免费不会真的免费吧？一定是噱头！

业务员：王经理，真的是免费的，我们可不是随便哪家公司都送的，不然我也不会这么谨慎地来请教您啦！这样，贵公司的基本要求都比较符合，我马上和我们经理请示一下，下午我过去就具体赠送方式和您确认一下，您看是下午3点钟比较方便还是4点钟？

王经理：哦，那就4点钟吧！

业务员：嗯，好的，那下午4点钟，我到您办公室找您！到时见！

王经理：好！

业务员：不打扰王经理了，非常感谢您和我聊了这么久，很愉快，下午见，拜拜！

王经理：拜拜！

这个电话，真正涉及的产品内容并不多，却成功地约见了客户。从开始的接线员到最后的王经理，业务员充分利用了客套话，成功找到了要找到的人。业务员的客套话不仅搞好了与客户的关系，而且也用客套话巩固了与对方办公室人员的关系，最后成功地约见了客户。

善于倾听客户的心声

有一名电话业务员情绪非常不好的时候给他的客户打电话：

客户兴致勃勃地说："我告诉您，我女儿考上重点大学了！"

业务员说："嗯！您看下个月的货订多少？"

对方沉默了一下。

业务员又说："您看下个月的货……"

没等他说完，客户不耐烦地说："下个月不订了！"

业务员说："那以后呢？"

客户干脆说："以后您别打来了！"

业务员生气地说："不做，我还不稀罕呢！"

双方挂断了电话。

这个业务员犯了什么错误呢？其实，客户只是想业务员和她说说她女儿考上重点大学的事情，也许只需要业务员客套几句就可以做成的生意，却永远失去了客户。客户需要的不仅仅是业务员提供的产品和服务，还有友谊与尊重，产品是许多人都能提供的，而友谊和尊重却不是如此。所以，要善于倾听客户的心声，然后与对方客套几句，这不仅是销售必需的技巧，也是与客户建立长期关系的根本。

人们都喜欢自己说，喜欢谈论自己的事情，而不喜欢听别人说话。而且往往在没有完全了解别人的情况下，对别人盲目作判断，这样便造成了人际交往中难以沟通的情况，构成交流的障碍和困难，甚至引发双方的冲突和矛盾。

保险销售人员安科的朋友邀请他参加桥牌晚会。在这个晚会上，只有安科和另外一位女士不会打桥牌，于是他俩坐在一旁闲聊。

这位女士知道安科刚从欧洲回来，于是就说："安科先生，您一定到过许多有趣的地方，欧洲有很多风景优美的地方，您能讲讲吗？要知道，我小时候就一直梦想着去欧洲旅行，可是到现在我都不能如愿。"

安科一听，就知道这位女士是一位健谈的人。他知道，如果让一位健谈的人很久地听别人说话那就如同受罪，并且不时要打断你的谈话，或者对你的话根本毫无兴趣。他明白这位女士想从自己的话中寻找一些契机，以便开始自己的谈话。

安科听朋友介绍过她，知道她刚从南美的阿根廷回来。他也知道，阿

60

根廷以大草原景色秀丽而闻名于世。

于是他对那位女士说："是的，欧洲有趣的地方可多了，风景优美的地方更不用说了。但是我很喜欢打猎，欧洲打猎的地方就只有一些山，很危险。就是没有大草原，要是能在大草原上边骑马打猎，边欣赏秀丽的景色，那多惬意呀。"

"大草原，"那位女士马上打断安科的话，兴奋地叫道，"我刚从南美阿根廷的大草原旅游回来，那真是一个有趣的地方，太好玩了！"

"真的吗？您一定过得很愉快吧。能不能给我讲一讲大草原上的风景和动物呢？我和您一样，也梦想到大草原去的。"

"当然可以啦，阿根廷的大草原可……"那位女士看到有了一个倾听者，当然不会放过这个机会，开始滔滔不绝地讲起了她在大草原的旅行经历。

安科在一旁耐心地听着，不时微笑着点点头鼓励她继续讲下去。那位女士讲了足足有一个多小时，直到晚会结束。而安科在期间只说了几句话。临行前，女士遗憾地对安科说："安科先生，下次见面我继续给您讲，还有很多呢！谢谢您让我度过了这样美好的一个夜晚。"

后来，这位女士主动找安科买了全家的保险。

其实安科知道，像她这样的人，并不想从别人那里听到些什么，她想将自己所知道的一切全都讲出来，她所需要的仅仅是有一个人能认真倾听她说话的人。应对这种客户，最好不要自以为是，卖弄口才，"堵住"他们的嘴巴，那只会让你看到厌烦的表情，偶尔用一两句客套话附和就可以了。

电话销售里的客套话

在现代社会，通信的发达使人与人之间的交流更加方便和顺畅。很多时候，销售不是靠面对面的谈判，而是靠电话来沟通的。电话已成为最快捷的销售工具之一。假设两个人同时得到一个准确的商业信息，请问你是通过电话马上销售快还是去登门自访销售快呢？毋庸置疑，在今天，销售的速度是多么重要，稍有贻误便会失去商机，而电话销售就能做到及时这一点。

销售人员：邓先生，您好！我姓方。我们没见过面，但可以和您谈1分钟吗？

客户：我正在开会！

销售人员：那么我半个小时后再给您打电话好吗？

客户：行！

半个小时后，销售人员再次打通电话说：邓先生，您好！我姓方。您叫我半个小时后打电话的。

客户：您是做什么生意的？

销售人员：我是××公司的业务经理，是为客人设计一些财经投资计划。

客户：具体是怎样的？

销售人员：我们能否见个面，您看过资料后印象会深些，今后你们有什么需要服务的，我都可以提供帮助。这两天我在您附近工作。不知您明天还是后天有时间？

客户：那就明天吧！

销售人员：谢谢！邓先生，那上午还是下午？

客户：下午吧，4点钟。

销售人员：好！明天下午4点钟见！

销售人员通过简单的语言、几句客套话，就成功地约到了客户，完成了销售的第一步，也就是成功的开始。

电话销售不能看到客户的表情，只能通过声音去判断客户的心理、心情，不像当面销售那么容易，所以，打电话时的用语就必须特别小心。

1. 吐字清晰

要缓慢而清晰地讲话，并带微笑。因为微笑也能从你的声音中反映出来。

2. 礼貌用语优先

打电话时，第一要先说"您好"。

3. 通报姓名

打电话时，应该先说明你是谁。如果你的电话被转接，则应该向所有提起分机的人重复一次你的姓名。

4. 是否合时

在你开始没完没了的讲话之前，始终应该问一句："这时候给您打电话是否合适？"

5. 断线后应重新拨打

假如你的通信因故中断，拨叫方有责任重新拨通对方的电话。

6. 端正态度

任何时候打电话，都要有一个良好的心态。因为不管你怎么样掩饰，你的态度、情绪都会从你的声音中暴露出来。只有让客户感觉到愉快，才能有成功的希望。

有个销售人员在睡梦中突然醒来，因为他想到还有一个业务电话未打，于是马上起身穿好衬衣、系好领带再打电话。他的老婆觉得很是奇怪，就问他："老公，你打个电话还穿得那么整齐干吗？"他回答："我穿好衣服打电话，表示我对客户的尊重，虽然客户看不到，但我想客户能感觉到我对他的尊重。所以，我一定要穿好衣服打电话。"

由于城市规模扩大、交通阻塞等原因，登门拜访式的销售效率越来越低，而成本却不断上升。这时，利用电话进行销售，就会十分方便快捷、省时省力。

电话销售应和登门拜访销售一样，事先要有一个计划。这个计划，就是一套积极有效的销售话术。通过良好的沟通话术，可以引导对方关注产品，对销售人员建立好感，积极进行预约。其中应包括打电话给谁、如何说客套话、介绍产品的哪些方面、了解对方哪些情况、什么时机约会等。有了这样的计划，在销售中就可以从容不迫，给对方以好感。

利用电话销售，讲话应热情和彬彬有礼。热情的讲话易于感染对方；彬彬有礼的客套话，易于得到对方有礼貌的正面回答。像"您好""打扰您了""如您不介意的话"等客套话，应成为销售人员的口头禅。

用客套话套出客户的需要

一位老人去菜市场买水果。她来到第一个水果摊前问道："这李子怎么样？"

第一个小贩："我的李子又大又甜，特别好吃。"

老人摇了摇头，来到第二个小贩的水果摊前问道："你的李子好吃吗？"

第二个小贩："我这里各种各样的李子都有，您要什么样的李子？"

老人说："我要买酸一点儿的。"

第二个小贩："我这篮李子酸得咬一口就流口水，您要多少？"

老人说："来一斤吧。"

老人又看到第三个小贩的水果摊上也有李子，又大又圆，非常抢眼，便问："你的李子多少钱一斤？"

第三个小贩："您好，您问哪种李子？"

老人说："我要酸一点的。"

第三个小贩："别人买李子都要又大又甜的，您为什么要酸的李子呢？"

老人说："我儿媳妇要生孩子了，想吃酸的。"

第三个小贩："老太太，您对儿媳妇真体贴，她想吃酸的，说明她一定能给您生个大胖孙子。您要多少？"

老人说："我再来一斤吧！"

第三个小贩："您知道孕妇最需要什么营养吗？"

老人说："不知道。"

第三个小贩："孕妇特别需要补充维生素。您知道哪种水果含维生素最多吗？"

老人说："不清楚。"

第三个小贩："猕猴桃含有多种维生素，特别适合孕妇。您要给您儿媳妇天天吃猕猴桃，她一高兴，说不定能一下生出一对双胞胎。"

老人说："是吗？好啊，那我就再来一斤猕猴桃。"

第三个小贩："您人真好，有您这样的婆婆，您儿媳妇真有福气！我的水果非常新鲜，要是吃好了，您再来。"

"行！"老太太被小贩说得心里美滋滋的。

三个小贩面对的是同一个老人，为什么销售的结果完全不一样呢？

客户的需要有表面和深层之分，三个小贩了解需要的深度不一样，所得到的结果也不一样。

第一个小贩没有掌握客户真正的需要，所以没有卖出李子。第二个小贩问出了老人的一个需要，卖出了一斤李子。第三小贩善于运用客套话，不经意间就问出了老人的儿媳妇怀孕了，而且进一步想到孕妇需要营养，所以还卖出了猕猴桃。

如何应对客套话的拒绝

一位小姐正在帮客人办理离店手续。闲聊中，那位客人旁顾左右，将手指上的一枚戒指偷偷塞到小姐手里低声道："我下星期还要来长住一段日子，请多多关照。"

小姐略一愣，随即镇定自若地捏着戒指，然后笑着对客人说道："先生，这枚戒指式样很新颖，好漂亮啊，谢谢您让我见识了这么个好东西，不过您可要藏好，丢了很难找到。"

随着轻轻的说话声，戒指自然而然地回到了客人手中。

小姐顺势换了话题："欢迎您光顾我店，先生如有什么需要我帮忙，请尽管吩咐，您下次来我店，就是我店的常客，理应享受优惠，不必客气。"

客人正好下了台阶，忙不迭地说："谢谢啦，非常感谢！"

任何时候都需要委婉的客套话，而委婉客套话也是一门语言艺术，需要反复琢磨才能到位。而如果碰到客户用客套话来拒绝，应该怎么办？处理的方法其实一样，就是要把拒绝转化为肯定，让客户拒绝的意愿动摇，销售人员就乘机跟进，使客户接受自己的建议。

1. 如果客户说：“说来说去，还是要销售东西？”

销售人员应该说：“我当然是很想销售东西给您了，不过必须是能让您觉得值得期望的，才会卖给您。有关这一点，我们要不要一起讨论研究看看？我下星期一来看您？还是我星期五过来比较好？”

2. 如果客户说：“我没时间！”或“我现在没空！”

销售人员应该说：“我理解，我也老是时间不够用。不过只要3分钟，您就会相信，这是个对您绝对重要的议题。记得美国富豪洛克菲勒说过，每个月花1天时间在钱上好好盘算，要比整整30天都工作来得重要，我们只要花25分钟的时间！麻烦您定个日子，选个您方便的时间。我星期一和星期二都会在贵公司附近，所以可以在星期一上午或者星期二下午来拜访您一下！”

3. 如果客户说：“我没兴趣。”

销售人员应该说：“是，先生，我完全理解，要您对不知道有什么好处的东西感兴趣实在是强人所难。正因为如此，我才想向您亲自说明，星期一或者星期二过去看您，行吗？”

4. 如果客户说：“请您把资料寄过来给我怎么样？”

销售人员应该说：“先生，我们的资料都是精心设计的纲要和草案，必须配合人员的说明，而且要对每一位客户分别按个人情况再做修订，等于是量体裁衣。所以最好是我星期一或者星期二过来亲自向您说明。您看我是上午来还是下午来比较好？”

5. 如果客户说："抱歉，我没有钱！"

销售人员应该说："先生，我知道只有您才最了解自己的财务状况。不过，现在先做个全盘规划，对将来才会最有利！我可以在星期一或者星期二过来拜访吗？"或者说："我了解。要什么有什么的人毕竟不多，正因如此，我们现在开始选一种方法，用最少的资金创造最大的利润，这不是对未来的最好保障吗？在这方面，我愿意贡献一己之力。可不可以下星期三或者周末来拜访您呢？"

6. 如果客户说："目前我们还无法确定业务发展会如何。"

销售人员应该说："先生，我们销售要担心这项业务日后的发展，您先参考一下，看看我们的供货方案优点在哪里，是不是可行。我星期一过来好还是星期二过来比较好？"

7. 如果客户说："我们会再跟你联络！"

销售人员应该说："先生，也许您目前不会有什么太大的意愿，不过，我还是很乐意让您了解，要是能参与这项业务，对您会大有裨益！"

8. 如果客户说："我要先好好想想。"或"我再考虑考虑，下星期给您电话！"

销售人员应该说："先生，其实相关的重点我们不是已经讨论过吗？您顾虑的是什么？您看这样会不会更简单些？我星期三下午晚些时候给您打电话，还是您觉得星期四上午比较好？"

9. 如果客户说："要做决定的话，我得先跟人商量一下！"

销售人员应该说："我完全理解，先生，那可不可以约夫人（或您的合伙人）一起来谈谈？约在这个周末，或者您选一天？"

客套话也可以说得强硬一点

在某连锁百货公司文具部门的主管办公室里，该主管是买主也就是客户，在场的销售人员是一位销售纸类和相关产品的某有名公司的经理。这位经理说，他一定非打入该百货公司不可，他想销售的产品是圣诞节的包装组合，它包含了两张很漂亮的包装纸、标签、彩带及胶带等。买主已经连续3年都拒绝进货，但公司的经理却深信，该包装组合非常适合这家连锁百货公司，根据他的经验，只要有机会被摆出来，这个包装组合一定会非常畅销。

下面是他们的谈话内容。

买主：我不要进圣诞节包装组合，我喜欢你们公司的产品，而且还常常进货，但我就是不要进这个包装组合。

销售人员（态度平和）：这个包装组合很吸引人的注意，不是吗？去年它们非常畅销，而今年的设计比去年更好，所以今年一定会大卖特卖。

买主：是的，但是每一年我都跟你说过，这种包装组合不适合我们。

销售人员：假使一次能进20箱以上，我们公司会照批发价再打9折，这真是好机会啊！而你有32家分店，每家分店一箱，就能够享受这种优惠了。

买主：难道你不明白吗？这种产品不能上我们公司的货架。

销售人员：我们的设计人员能够把这个包装组合包装得这么精致，是非常难得的！把它放在收银机旁的走道上，进店里的客人一定会忍不住买几盒的。去年，这项产品是我们公司有史以来销售最快的一种产品。

买主：你好像没有听我说的话，我们不进这种产品。

销售人员：我们去年做了一项调查，摆放这种产品的部门其销售金额比前1年提高13％，很不可思议吧！你会发现，你如果摆上这种包装组合后，你的标签和彩带也会卖得更快。所以，是不是也额外多进一些标签和彩带，免得你日后来不及补货？

买主：不要！

销售人员：此外，这类产品还有一项非常好的特点，就是它总会很流行，当圣诞节的热潮过后，你可以把它拆开来卖，你是否曾经有当季的产品卖不出去？

买主：是的，有时候确实是如此。

销售人员：我想这是你会喜欢它的原因。它没有流行消退的危机，能带来高利润，包装精致，增加单位销售金额达13％，全年都可卖，你真的不想进这种产品吗？

买主（很讽刺性的语调）：你不是在征询我的意见吧？到目前为止，你根本没有听进去我所讲的任何一句话。

销售人员：我真的需要你的意见与提醒，毕竟进不进货是你的决定。你是否同意在比较大的20家分店进2箱，这样你一次就进40箱，我先前说过，只要20箱就照批发价打9折，你现在一次性进40箱，我想我们公司可以额外给你2.5％的折扣。我们从未给其他公司这样的优惠，我们很重视与你们公司的合作。

买主：看来不进货都不行了，我在哪里签字啊？我警告你，如果它们卖不出去，后果由你负责。

销售人员：如果卖不出去，我会负责的，谢谢！

这里销售人员采取了一种看似客套而实际上非常强硬的语言。为什么在这种情况下，销售常规可以被打破呢？理由是，买主以前没进过圣诞节包装组合，但是销售人员说出了产品的优点，而且对自己的产品及市场很有信心。如果与买主不熟，销售人员大概不会用这种方式来进行。他认识到，在这种情况下，若是遵守销售常规，他会毫无进展。想要把产品的优点全部告诉买主的唯一方法就是，当买主拒绝时，完全不要理会他。

　　如果你知道某项产品一定可以畅销，但对方却始终拒绝进货，你可以试试这一招。不过，你的态度应该从容、轻松一点，不要让人有压迫感，语调要很有自信，深信他听完你叙述的各种优点后，便会下订单。当然，这需要相当大的勇气和娴熟的技巧。

客套话里道出危机

　　有很多人看起来似乎不需要保险，可是一经分析，却发现每个人都需要保险。一个刚毕业的大学生，初入职场，1年有2万元的年薪，没有任何需要抚养的家眷，而且短期内也不准备结婚。作为销售人员，如何向这样的客户销售保险呢？可以从以下客套话开始：

销售人员：请问您以后计划结婚吗？

客户：当然，我和女朋友有结婚打算，不过要三四年以后了。

销售人员：那您将来计划要小孩吗？

客户：当然，我们都希望养小孩，所以我想应该会有小孩吧！

销售人员：我想您需要投保人寿保险了，现在让我们来看看人寿保

71

险的基本原则。任何人要买人寿保险时都有三个问题要考虑：第一个是职业。您的职业不属于危险性高的职业，所以我想没有问题。第二是健康。您现在身体健康，这也没有问题。不过三四年以后，我就不敢说了，但现在我们假定您的健康情况一直良好，所以也不成问题。第三个问题，就是您的年龄。您年龄越大，买保险时保费就越高，一般而言，每增加1岁，保费就增加3％。

客户：不过再等3年好像也差不了多少。

销售人员：那可有差别呢！假如在3年之内您太太怀孕了，那时您准备买人寿保险，您就要付比现在高出9％的保险费；如果您现在的所得税税率是37％，那也就是说，您必须要多赚12％的年薪，才付得起那份保险费。这并不是说在第一年就得多付9％，而是您在投保的每1年都需要多付9％，这笔账您算算看怎样才划算。

假如您现在投保，3年以后，您还是拥有同样价值的保险，可是每年就省下了12％以上的保费。我相信以您的努力，将来一定会飞黄腾达，而且我也希望多一位杰出的客户，这样我的销售业绩才能蒸蒸日上呢！所以我愿意现在为您设计一套保险计划，让您从现在开始节省12％的多余保费。

客户：你说的有道理，我买一份吧。

最后，这位销售人员成功签下保单，而他所运用的策略正是把握现在而又着眼于未来的危机，让客户从开始的毫无需要到最后的非购买不可。

不买保险的人，有的是自恃身体健康不需要买；有的是自认为银行里有存款，可以应付家中生计，也不需要买。这一类型的客户，本身已具备经济基础，只是危机意识不是很强，只要在这一方面多下工夫，一定能达到成功销售的目的。

再看一例：

客户：我身体很健康，根本不需要买保险！

销售人员：听您这么说我真是为您高兴！不知道您有没有玩过纸牌或是买过彩票？

客户：玩过一阵子，现在不玩了！

销售人员：其实，我们每个人每天都在赌博！和命运之神赌，赌健康、赌平安无事，如果我们赢了，就可以赚一两个月的生活费用。那万一要是输了呢？将把日后家庭所有的费用全部输光。您认为这种做法对吗？您既然认为赌博不好，可是您现在为了省下一点点保险费，却在拿您的健康作为赌本，赌您全家的幸福！

客户：我有存款可以应付家用，不需要买保险！

销售人员：储蓄是种美德，您能这么做可见您是个很顾家的人！但是，我冒昧地问一句，以您目前的存款是否能支付家里5年或10年以上的费用？哦，对了！我刚刚在外面看见您的车子，真漂亮！好像才开1年多吧！不知道您有没有买安全保险？

客户：有。

销售人员：为什么呢？

客户：万一被偷了、被撞了，保险公司会赔！

销售人员：您为了怕车被偷、被撞，为车子买安全险，车子怎么说也只是个代步工具，只是资产的一部分，但是，您却忽略了创造资产的生产者——您自己。何不趁现在为家庭经济购买保险呢？

客户：您说得有道理，那您说以我目前状况买哪种保险最好呢？

　　由此可见，保险销售人员开始说的话非常客套，没有一点销售的意思。但随着一步步深入，让客户明白，其实每一个人都需要通过买保险来使自己的生活得以保障。这就在无形中让客户树立了危机意识，销售人员自然能成功地拿到了保险订单。

第二会说专业话

先做产品行家，才能说服买家

费尽口舌销售，客户仍然
不听、不信、不买账，怎么办？
赢得客户的信任是关键。
想让客户实现从识货、认货到买货
的三级跳，就必须拿产品来说话。
当买家遇上行家，响当当的产品自然
轻松完胜客户挑剔的眼光和摇摆的心！

对于销售人员来说，仅仅博得客户的好感是不够的，更重要的是要赢得客户的信任，使其最终购买产品才是最终目的。首先要明确一点，那就是来购买产品的客户不都是行家。真正的行家来购买你的产品，可能根本不需要你的介绍，而那些需要你介绍的客户大部分都是门外汉。这时，你能否用专业的语言向客户表达清楚，是取得客户信任的一个关键因素。因此，对于有关产品的专业知识也是销售人员必须掌握的，掌握一定的专业知识应该是销售人员的基础"硬件"。

一位著名企业家说过："无论是客户还是老板，都只需要专业的人才。"销售人员是否具有良好的业务素质，直接影响其工作业绩。销售人员应具备的业务素质是指其业务知识。一般来说，业务知识主要包括公司知识、产品知识、客户知识、市场知识等方面。

作为一个优秀销售人员，必须了解自己的公司、自己所销售的产品、自己将要面对的竞争者，成为行家，才算是一个职业销售人员。

销售人员应是行家

商场里出现了这样一幕：

客户：小姐，这台冰箱为什么比那一台贵那么多钱？

销售人员：因为比另一台要好一些。

客户：这个我清楚，可是我想知道的是，究竟好在哪里？它有什么突出的优点，要贵那么多的钱？

销售人员：嗯，这个我不清楚，我只是负责卖的。

客户：真是奇怪的理由，你既然卖它，却不知道它到底有什么优点？你不能告诉我它有什么优点，那你又怎么能把它卖给我呢？

销售人员：……

销售人员应具备的业务素质是指其业务知识。一般来说，业务知识主要包括以下5个方面。

1. 企业知识

在销售前，你首先是向客户介绍你的公司，所以，对公司的各种情况，你都应了如指掌。

尤其当你想和陌生的客户之间建立信任感的时候，公司的信誉更能发挥作用。不设法说明你公司的优势是一个错误。但确有一些销售人员在这方面犹犹豫豫，因为他们心里没底。实际上，只要你方法得当，客户就会乐意与你做生意。

2. 产品知识

要想成功地打动客户，再有力的口才也不及性能优越的产品本身。销售人员的责任就是如何将这些优越性以最吸引人的方式或语句展示给客户，因而销售人员自己应先对所销售的商品有一个正确的、透彻的认识。

雅芳公司拥有百年历史，其业务遍布五大洲120多个国家和地区、销售代表逾200万人、年销售额达几十亿美元。公司对其旗下的销售人员有一条不成文的规定：每个销售雅芳产品的人都必须是该产品100%的客户。切身体会无疑是销售人员最具说服力的底牌，只有亲身试用，以一个客户的角度去品评自己的产品，才会获得最可靠的第一手资料，才会对产品真正拥有信心，并把这种信心带到每一次销售中，用这种信心去感召每一位客户。销售人员也只有真正了解了产品，才会对客户所提出的与产品本身紧密相关的问题做到心中有数、应对自如。

3. 客户知识

销售人员应善于分析和了解客户的特点，要知晓有关心理学、社会学、行为科学的知识，了解客户的购买动机、购买习惯、购买条件、购买决策等情况。能针对不同客户的不同心理状况，采取不同的销售对策。

4. 市场知识

销售人员直接与市场、客户接触，能及时、准确地捕捉市场信息。他们是公司搜集市场信息的重要途径，是公司信息的主要来源之一。

销售人员向公司反馈的信息包括：客户信息，市场供求信息，产品经营效果信息，同业竞争对手的信息。

销售人员在销售过程中有意地收集各种信息，加以整理、分析，及时反馈给公司，就使公司能够掌握市场动态，相应地作出调整，大大增加了对市场信息的敏感度。

在日常生活中，你经常可以看到或听说这样的例子：一条信息救活了一家工厂，一条信息让一家公司赚了钱。

例如，日本三菱公司曾经有一位驻北京的销售人员，他的任务就是每星期写一份关于中国汽车市场的报告。他经常深入市场，听客户谈话、议论问题。他很快了解到中国政府的有关规定，从中摸清了真实情况：政府单位买进口小轿车很难批准，但买装载生产用具、物料的面包车易获批准，他把这个情况很快报告给了总部。三菱公司决策人员马上决定大批量生产面包车。不久，日本面包车大量进入中国市场，赚了大钱。

这个例子说明，销售人员善于捕捉信息并及时向公司传递，能使产品在竞争中做到"人无我有，人有我好，人好我多，人多我早"。只有这样，才能使公司如虎添翼，在竞争中立于不败之地。

所以说，销售人员收集的一条信息、一条线索，往往能为公司开辟出潜力巨大的市场，事关公司的兴衰成败，尤其在今天这个瞬息万变、竞争激烈的信息社会，公司和市场之间如果不能及时沟通，公司反应滞后，那么只能在市场经济的竞争中一败涂地。所以，将销售人员称作公司的"千里眼""顺风耳""开拓市场的尖兵"，实不为过。

5. 法律知识

当销售人员做成一笔买卖时，从法律上讲，买卖双方同时承担相应的权利和义务，即双方当事人产生了法律关系。因此，销售人员应了解相关的法律知识，例如，经济行为是否具有法律效力；签订合同的基本原则；签订合同的程序；合同的主要内容；合同的变更和解除程序；违约的责任及其认定；合同的鉴定和公证；代理与担保，以及发生纠纷时，仲裁和诉讼程序等。此外，还要了解税法、有关银行结算和票据管理的法律规定，甚至对外贸易法律等。

专业话一定要说得清楚

一位经验丰富的采购员用轻松的言语讲述了他碰到的一个不会用客户语言讲话的年轻销售人员的经历：

在过去的3个月里，我受命为办公大楼采购大批的办公用品，结果我在实际工作中碰到了一种过去从未想到的情况。首先使我大开眼界的是一个销售信件分报箱的销售人员。我向他介绍了我们每天可能收到信件的大概数量，并对信箱提出一些要求，这个小伙子听后，考虑片刻，便认定我们最需要他们的CSI。

"什么是CSI？"我问。

他语气中还夹着几分悲叹，"这就是你们所需要的信箱。"

"它是纸板做的、金属做的，还是木头做的？"我又问。

"噢，如果你们想用金属的，那就需要我们的FDX了，也可以为每一个FDX配上两个NCO。"

"我们有些打印件的信封会相当的长。"我说明。

"那样的话，你们便需要用配有两个NCO的FDX转发普通信件，而用配有RIP的PII转发打印件。"

这时我稍稍按捺了一下心中的怒火，"小伙子，你的话让我听起来十分荒唐。我要买的是办公用品，不是字母。如果你说的是希腊语、亚美尼亚语或英语，我们的翻译或许还能听明白、弄清楚你们产品的材料、规格、使用方法、容量、颜色和价格。"

"哦，"他开口说道，"我说的都是我们的产品序号。"

我运用律师盘问当事人的技巧，费了九牛二虎之力才慢慢地从他嘴里搞明白他的各种信箱的规格、容量、材料、颜色和价格。

对于销售人员来说，首先要明确一点，那就是来购买产品的客户不都是行家。真正的行家来购买你的产品，可能根本不需要你的介绍，而那些需要你介绍的客户大部分都是门外汉。这时，你能否将专业的词汇向客户表达清楚，是取得客户信任的一个关键因素。

说话的真正目标，就是为了使对方能够清楚地理解，如果你说了一些令人费解的话，那是没有任何意义的，说了还不如不说。所以，要多使用客户听得懂的词汇。

1. 使用他人能理解的词汇

"当研究者出现之时，给他的克摩尼，借由在空间的持续移动，而成为有视化的地区，最小的限度，以及到达同一时段。"这段文章所使用的词汇，虽然都可以在专业书籍里查到，但是不论是谁看了，都感到令人费解。

所以不要使用让别人无法理解的词汇。

上述所提到的文句，可称作是"研究家的语言"。这种语言是谁也无法了解的。但是使用这种"研究家语言"的人相当多，不要为了表现自己是多么有能力，而使语言变得深奥难懂。

2. 使用描绘性的词汇

使用描绘性的词汇，你就能栩栩如生地描述出话题了。那么如何使用描绘性词汇呢？

仔细地观察你的家和你工作场所的周围事物，练习使用描绘性的词汇来表达。在你叙说关于意外、闲话的时候，请先闭上眼睛几秒钟，开始在你脑中绘一幅图案，之后再说明那图案便是。

以"在家的院子里，有小屋和长椅，橡树果实落满地。"的说法来代替"在家的庭院里，有几棵树。"不是更生动吗？

以"我们家有小猫、小狗，也有德国名牌汽车，家附近有200多间相互并列的房子，而我们便沿着郊外弯曲的道路而居。"的说法来代替"我们住在郊区！"不是更活泼吗？

使用描绘性的形容词，这样，听者才会引发无限的兴趣。

3. 使用听起来让心情愉快的词汇

还有，要避免使用让人心情不佳的词汇。例如，笨蛋、胡说八道等。

不要总是使用一些枯燥乏味的词汇，同样的意思及表达不要一直地反复，否则听的人的心情是会不舒服的。因此，你要用一些其他的词汇来代替这些使用频繁的词汇。

有一位朋友，他这样对我说："我的父亲，虽然已75岁了，却从来不使用咒骂人的词汇。即使不用冒渎的词汇，还是有很多的词汇可以使用。"

使用粗俗不堪的语言文字，要给人留下良好印象是不可能的，只会给人留下恶劣的印象。所以你要留心，使用一些让客户感到心情愉悦的语汇。

总之，将专业话说得清楚，让每一位客户都能听得懂，这是销售人员必须要做到的。

做好肢体语言的配合

乔·吉拉德遇到了一个客户，那人开始向乔提起他的儿子就要进入密歇根大学。他十分自豪地说："乔，我儿子想当医生。"

"那太棒了。"乔有点心不在焉，在心里盘算怎样把话题拉到卖车上。

当他们继续往前走时，乔向其他陌生人看去，环顾四周，又在一边考虑怎样拉到更多的客户，一边听这位客户说话。

"乔，我的孩子很聪明吧，"他继续说，"在他还是婴儿时我就发现他相当聪明。"

"成绩非常不错吧？"乔说，仍然望着四周的人。

"在他们班最棒。"那人又说。

"那他高中毕业后打算做什么？"乔看着自己的鞋尖问道。

"我告诉过你的，乔，他在密歇根大学学医。"

"那太好了。"乔说。

突然地，那人看着他，意识到乔太忽视他所讲的话。那人看上去有点生气。

"嗯，乔，"他说，"我该走了。"就这样他走了。

下班后，乔回到家想想今天一整天的工作，分析他所做成的交易和他失去的交易，乔开始考虑白天见到的那个人。

第二天上午，乔给那个人打电话说："我是乔·吉拉德，我希望您能再来一趟，我想我有一辆好车可以卖给您。"

"哦，世界上最伟大的销售人员先生，"他说，"我想让你知道的是，我已经从别人那买了车。"

就这样，乔·吉拉德得到了一个教训。

你得学会在客户说话时直视对方，表现出浓厚的兴趣。如果你能做到这一点，就迈出了销售成功的第一步。

同样，适当的手势和面部表情的变化也能帮助你成功地完成销售。很多著名的演说家通过他们精彩的演讲征服了无数的听众，但不知道你注意到没有，他们在演讲的过程中并不是只说不动，他们的手势千奇百怪，他们的表情变化多端，一个眼神、一种神态，都可以牵动听众的心。销售也一样，在介绍产品的同时，再配以恰当的肢体语言，无形中你的销售魅力就会感染其他的人。

说话时，使用手势有时能达到神奇的效果，而用手势来传达情感也有很多种。借用肢体语言有两个要领。

1. 使用肢体语言，能让交谈更生动有趣

手势是用来传达情感的，可以让交谈显得更生动有趣。当客户感到沉闷时，它还能发挥打破沉闷气氛的功效。

美国海军曾在克尼休恩大学里做过几次演讲、讨论，调查报告结果显示：借着手势的表达，更能显示其趣味性。

当你以亲切口吻对人讲话时，别人也会以和气的口吻回答你；如果你以愤怒的口吻跟人说话时，别人也会以同样的口吻回答你。

说话会反映出你的情绪和感情。如果你说话时心情不好，客户的心情也不会舒服的。

以一般人而言，能专注听讲的时间是15分钟左右。也就是说，15分钟以后，客户的兴趣会渐弱，且注意力也会散。所以，你要引起对方的注意，每隔15分钟，就要做一些动作，这样对方的注意力才不至于分散。例如，使眼色、歪头、耸肩、打手势，或者是向前挪一挪、向后退一退，可以持续做动作，调节紧张的情绪。

你可以在镜子前，多做练习，对着自己讲话，且多做皱眉、歪头、开口、动手的练习。

2. 保持微笑

最重要的姿势便是脸上的微笑。优秀的销售人员一再地努力，使微笑成为自己的习惯，世界知名的演讲家也是一样。或许刚开始会较难，但是习惯了就好了。

边微笑边说话，即在说话时，嘴角两端要向上扬。

当你被问道："如果感觉到严肃的气氛时，要怎么做才好呢？"很简单，只要你不再保持那种严肃的表情，而以微笑来代替就可以了。当你想高声大笑时，请保持轻轻的微笑就好了。也许这很难做到，但务必多做微笑的练习，以便在交谈中让客户感到轻松，有利于实现销售。

说服客户要靠一张嘴，但不能只靠一张嘴，必须辅以适当的肢体语言配合，才能达到事半功倍的效果。

进行良好的产品介绍

良好的产品介绍更需要专业的语言，例如，销售新式电子游戏类玩具时，销售人员可以这么说：

"客户，您好！我店新到一批新式电子玩具，类型和样式很多，从低档到高档都有。低的为三四十元，高的为1 000元以上。因为是新式玩具，初销时的价格较低，它不仅可以开发儿童智力，而且可以当做家庭装饰品，这样一来您就不用愁玩具没处放了。您瞧，这里有一系列从最简单到最复杂的玩具，制作质量很可靠，外型采用最新式的一体构造法，不易损伤。如果您要购买，可以让您的小孩从简单的玩具玩起，然后再玩较复杂的玩具，这对开发儿童的智力、提高他们的积极性很有益处。还有一点需要说明的是，这种玩具不仅适合儿童，而且更适宜作为开发子女心智的教具，最高级类型结构较为复杂，可自己动手组装成另外一种您所喜欢的玩具。出售这类玩具的同时，赠送一套组装零件，相信您一定会开发出更多的功能。"

在这里，需要推出一个FABE的概念。

所谓FABE指的是这4个方面的内容：F代表产品的特征，A代表产品的优点，B代表客户的利益，E代表证据。

简单来说，要求销售人员在销售产品之前，能够按照FABE做好详尽的说明准备工作，即先把产品分解成若干个部分：机能、外型、材料、耐久性、使用方便程度、品质、用途、价格等，然后就每一个部分写下它的特征，以及由此而产生的优点，而这些优点又能给客户带来什么利益，最后还必须列举出该产品的确能给客户带来利益。这样销售人员与客户面谈时能有条不紊地进行。

有位销售人员来到一家零售店，向负责人建议，在玻璃制品柜中增加一项新产品——厨房常用的调料瓶。销售人员用FABE法这样开始他的介绍：

"经理，您好！这是我们日用玻璃厂新开发成功的厨房用的调料瓶，也是本厂今年的主要新产品。请允许我打扰您几分钟，向您作个详细的说明。

（拿起样品）我们打开它的盖子，有舌状的倒出口，出口上刻有7厘米的槽沟，可以防止瓶内的液体外漏；而注入口可以倒入各种液体，例如，油、酱油、醋，等等。

这个瓶的最大优点是，倒完瓶内的调料后，瓶口不会沾有残余的液体，可以保持周围的清洁，非常卫生。据我们所知，目前在市场上尚未有同类产品，相信销售前景相当可观，也可给您带来很大利益。本厂曾选择

100个客户进行实验，经过1年的试用，反映甚佳。

我们再来看看它的外型。正如您所见，它有着光洁的圆锥型外表，圆状的盖子，摸起来舒服，看起来别致。有红、黄、绿3种颜色，可供客户选择。

由于它具有时髦而现代感十足的外型，所以不仅可以放在厨房，而且也可以放在餐桌、食品柜中，为家庭陈设增添光彩。放在贵店销售，不会占据太大的空间，看起来又很赏心悦目，可以提高商店的形象，定能吸引客户的眼光，实现畅销……"

如上文所述，产品的性能、外型到颜色都能无一遗漏地详细陈述，销售人员说得头头是道、有条有理，客户也听得明明白白。

使用这种方法，有以下4种优点：

（1）方便销售人员做产品说明，由于准备得充分且全面，销售人员介绍起来就会显得信心十足；

（2）由于此种方法是站在客户的立场上考虑的，所以解说起来容易为客户所理解；

（3）此种方法以事实为根据，有相当的逻辑性：特征→优点→利益→证据，所以比起其他的方法来说服力强；

（4）由于分析得很具体，就可以仔细观察客户的反应，把握客户的真正兴趣或真正的需要所在。

另外，在介绍产品的时候，还有一种方法可以让客户对产品了解得清清楚楚、明明白白，那就是：让产品自己"说话"。

让产品先接近客户，让产品作无声的介绍，让产品默默地销售自己，这是产品接近法的最大优点。例如，服装的珠宝饰物销售人员可以一言不发地把饰物送到客户的手中，客户自然会看饰物，一旦客户产生兴趣，开口讲话，接近的目的便达到了。

乔治是芝加哥的一个打字机销售人员。一天，他去拜访一家公司的老板，目的是向该公司的办公室销售一套新打字机。老板去了外地，乔治便主动请求老板的秘书花几分钟的时间来讨论一下打字机的情况。在讨论中他诱导秘书说出了她对自己工作中使用的打字机的看法，喜欢它什么和不喜欢它什么。乔治抓住她提到的一个缺点，赶紧邀请她到下面的汽车里去看一看和试一试自己销售的新型打字机。

于是，他成功地向秘书从头到尾地展示了一番新型打字机的优点。

几个星期之后，乔治赴约再次造访，女秘书热情地安排他与老板见了面，结果他成功地将打字机销售了出去。

运用产品接近客户时有如下应注意的事项：

（1）产品本身必须具有一定的吸引力，能够引起客户的注意和兴趣。

客户对产品有兴趣，才能达到接近客户的目的。在客户看来毫无特色、毫无魅力的一般产品，不宜单独使用产品接近法。在实际销售工作中，不同的客户会对不同的方面比较注意，会有各自不同的兴趣。有人关心产品的技术指标和性能，有人关心造型和色彩。正如人们所说："内行看门道，外行看热闹。"因此，销售人员应发挥产品优势，选用适当的接近方法。

（2）产品本身必须质地优良，经得起客户反复接触，不易损坏或变质。

销售人员应准备一些专供客户试用的产品，平时注意加以保养，以免在客户操作时出毛病，影响销售效果。

（3）产品本身必须精美轻巧，便于销售人员访问携带，也便于客户操作。

笨重的庞然大物、不便携带的产品不宜使用产品接近法。例如，重型机床、房地产、推土机就不好利用产品接近法。但是，销售人员可以利用产品模型、产品图片等作为媒介接近客户。

（4）销售的必须是有形的实物产品，可以直接作用于客户的感官。

看不见、摸不着的无形产品或劳务，不能使用产品接近法，例如，理发、洗澡、人寿保险、旅游服务、电影入场券等，都无法利用产品接近法。

表现自己的专业，帮客户作出选择

一位客户在两种自行车之间犹豫不决，这时，销售人员走了过来，说：

"几年前，我和我6岁的儿子去买一辆自行车。我们到甲车行，对每辆64.95美元的标价吃了一惊。在当时，这是相当大的数目，节约的父母，谁会为一个6岁的孩童花这么多钱买辆自行车？我们转而走向乙车行，花了34.95美元买了一辆廉价自行车。

"大约6个星期后，我们回到那家店里买一对新把手，花去4.50美元。60天以后，我们又回到那家店买了一个链条，大约花掉了15美元。又过了几个星期，我们再一次来到该店，因为轴承损坏了，我又付出5美元。到这时候，我才肯定这辆车无可救药了。于是我们又到甲车行花了64.95美元买了一辆新的。

"现在让我们来作个分析：

"从价格看，乙车行的自行车单价是34.95美元，而甲车行的自行车是64.95美元。再看代价，一辆廉价自行车的代价是34.95+4.5+15+5，合计是59.45美元。这辆车骑了6个月，每月代价为大约10美元。

"甲车行自行车单价为64.95美元，骑了10年，每年代价为6.50美元，而它至今仍然是一辆好车子，只是外观旧了一些。

"好了，客户先生，事情很清楚，便宜的自行车价格要低，而代价却高得多。因此，我想再问您，您关心的是价格，还是代价呢？价格是一次性的，代价则是您取得这个产品后要一直关心的问题。如果您关心的是代价，您还有什么理由不立即坐享最低代价的益处呢？

"客户先生，本公司尽一切努力使产品尽善尽美，绝不使用廉价原料来制造凑合能用的产品，您肯定清楚地知道：好货不贱卖，贱卖货不好。您肯定要高质量的产品，不是吗？"

客户听了以上一席话，肯定会毫不犹豫地选择购买贵一点的车子。值得提醒的是，销售人员以自己的亲身经历为例，这显然更具有说服力。

再来看下面的例子。

某公司原考虑向一家汽车制造厂购买一辆4吨大卡车，后来为了节省开支，又打消了主意，准备购买另一家的2吨小卡车。汽车制造厂得知这一消息后，立刻派出有经验的销售人员走访该公司的主管，了解情况并争取说服该公司仍旧购买该厂的产品。这位销售人员果然不负众望，马到成功。

销售人员：您需要运输的货物平均重量是多少？

主管：那很难说，2吨左右吧！

销售人员：有时少，对吗？

主管：对！

销售人员：究竟需要哪种型号的卡车，一方面要根据货物的数量，另一方面也要看在什么公路上行驶，您说对吗？

主管：对。不过……

销售人员：假如您在丘陵地区行驶，而且在冬天，这时汽车本身的压力是不是比平时的情况下要大一些？

主管：是的。

销售人员：据我所知，您公司在冬天出车比夏天多，是吗？

主管：是的。我们夏天的生意不太兴隆，而冬天则多得多。

销售人员：那么，您的意思就是这样，您公司的卡车一般情况下运载货物为2吨，有时会超过2吨，冬天在丘陵地区行驶，汽车就会处于超负荷的状态。

主管：是的。

销售人员：而这种情况也正是您生意最忙的时候，对吗？

主管：是的，正好在冬天。

销售人员：在您决定购买多大马力的卡车时，是否应该留有一定的余地比较好呢？

主管：您的意思是……

销售人员：从长远的观点来看，是什么因素决定一辆卡车值得买还是不值得买呢？

主管：那当然要看它能正常使用多长时间。

销售人员：您说得完全正确。现在让我们比较一下。有两辆卡车，一辆马力相当大，从不超载；另一辆总是满载甚至经常超载，您认为哪辆卡车的寿命会长呢？

主管：当然是马力大的那辆车了！

销售人员：您在决定购买什么样的卡车时，主要看卡车的使用寿命，对吗？

主管：对，使用寿命和价格都要加以考虑。

销售人员：我这里有些关于这两种卡车的数据资料。通过这些数字您可以看出使用寿命和价格的比例关系。

主管：让我看看。（主管埋头于资料中）

销售人员：怎么样，您有什么想法？

主管：如果我多花5 000元，我就可以买到一辆多使用3年的汽车。

销售人员：一部车每年可盈利多少？

主管：少说也有5万～6万元吧！

销售人员：多花5 000元，3年盈利10多万元，还是值得的，您说是吗？

主管：是的。

在上述的例子中，一桩濒于绝境的生意凭这位销售人员的巧舌挽救了回来。这位销售人员从客观分析到给出建议，无不体现了自己的专业。客户一旦觉得你是内行人，就会十分乐意地听取你的建议，你的销售也就完成了。

充分发挥客户的想象力

通用公司几年来一直想销售教室黑板的照明设备给一所小学，可联系了无数次，说了无数的好话均无结果。这时一位销售人员想出了一个主意，使问题迎刃而解。他拿了根细钢棍出现在教室黑板前，两手各持钢棍的两端，说："先生们，你们看我用力弯这根钢棍，但我不用力它就又直了。但如果我用的力超过了这根钢棍最大能承受的力，它就会断。同样，孩子们的眼睛就像这弯曲的钢棍，如果超过了孩子们所能承受的最大限度，视力就会受到无法恢复的损坏，那将是花多少钱也无法弥补的了。"

没过多久，通用电气公司终于如愿以偿了。

销售全国著名品牌电冰箱时甚至可以用上简单如火柴这样的小物体。销售人员点燃了一根火柴说："您听，我们的冰箱工作时无声无息，就像这火柴燃烧时一样安静。"

说服客户时，充分调动客户的想象力是非常重要的。如果能让客户自己来计算数字那就更好了，因为这样做给他们的印象更深，理解也更透彻。

有一个牙医，他把患者的X光片放在墙上，使患者一坐下就可以看到自己牙齿损坏的情况。然后，牙医就会说："不要等牙坏到不能用的程度才来看病。"

在销售的过程中，出示一定的实物，再说一些能够调动客户想象力的专业语言，就能够令客户在事实的基础上，再发挥自己的想象力，从而产生认同产品的看法。

人的想象力是惊人的，对于同一个事物，不同的人会得出不同的看法。因此，这就要求销售人员能够用自己的专业语言为客户的想象力铺平道路，并限制或扩展客户的想象空间，这就像制造一个固定的空间、固定的路径，引导客户朝着自己设定的方向想象，从而达到销售的目的。

香港一家专营胶粘剂的商店，为了让一种新型强力万能胶水广为人知，店主人用胶水把一枚值千元的金币粘在墙壁上，并宣称："谁能把金币掰下来，金币就归谁所有。"一时，该店门庭若市。然而，许多人费了九牛二虎之力，仍然徒劳而归。有一位自诩"力拔千钧"的气功师专程赶来，结果也空手而归。于是，强力万能胶水的良好性能声名远播。

这种方法主要是利用客户的好奇心理来接近对方。好奇心是人们普遍存在的一种行为动机，客户的许多购买决策有时也多受好奇心理的驱使。探索与好奇是一般人的天性，对于神秘奥妙的事物，往往是大家所熟悉关心的注目对象。那些客户不熟悉、不了解、不知道或与众不同的东西，往往会引起人们的注意，销售人员可以利用人人皆有的好奇心来引起客户的注意。

例如，一位空调销售人员对客户说："您知道世界上最懒的东西是什么吗？"客户感到迷惑，但也很好奇。这位销售人员继续说："就是您藏起来不用的钱。它们本来可以购买我们的空调，让您度过一个凉爽的夏天。"

某地毯销售人员对客户说："每天只花0.16元就可以使您的卧室铺上地毯。"客户对此感到惊奇，销售人员接着讲道："您卧室12平方米，我厂地毯价格每平方米为24.8元，这样需297.6元。我厂地毯可铺用5年，每年365天，这样平均每天的花费只有0.16元。"

销售人员制造神秘气氛，引起对方的好奇，然后，在解答疑问时，很巧妙地把产品介绍给客户。

一位英国皮鞋厂的销售人员曾几次拜访伦敦一家皮鞋店，并提出要拜访老板，但都遭到了对方的拒绝。这次他又来到这家皮鞋店，口袋里揣着一份报纸，报纸上刊登了一则关于变更鞋业税收管理办法的消息，他认为店家可以利用这一决定节省许多费用。于是，他大声对鞋店的一位售货员说："请转告你的老板，就说我有办法让他发财，不但可以大大减少订货费用，而且还可以名利双收赚大钱。"

销售人员给老板提赚钱发财的建议，老板怎么不动心呢？于是他立刻答应接见这位销售人员。同样，销售人员也成功地进行了销售。

在销售的过程中，充分调动客户的想象力，将会对你成功的销售有很大的促进作用。

营销学不仅是一门科学，同时它也是一门艺术。而表演接近法正是一门综合性的销售艺术，它运用各种艺术手法，充分调动人们的能动性，激发人们的感情。在表演接近法中，销售人员就是演员，客户就是观众。销售效果如何，就看销售人员的演技了。

一般的轮胎销售人员可能这样平淡地介绍自己的产品："这种轮胎货真价实，持久耐用！"

而一个具有想象力的销售人员可能会说出这样一段充满戏剧化效果的话："您正带着孩子们以每小时55公里的速度驱车快速行驶，突然感到车下出现一连串的激烈颠簸，迫使您将车驶到路侧。原来您的车撞上了路面的一条钳口般的长裂纹，震得您浑身骨头都快散了架，震得汽车上的螺栓不停响。您不必担心您的轮胎，只要把紧方向盘就会万事大吉，这轮胎可以应付任何道路状况！"

制造这种戏剧化效果可以达到以下目的：

首先，它想把客户置于一种充满感情色彩的环境中，将轮胎与客户的安全联系到一起。带感情色彩的购物动机比合理购物动机更能促使人们购买产品。制造戏剧化效果就是力争将人的合理购物动机转变为带感情色彩的购物动机。

其次，人们喜欢听生动的故事。因此你可以尽可能制造出一个含有人物情节的故事，并让你的产品充当故事中的"英雄"，这很能引人入胜。

最后，戏剧性的表述要比简单的平铺直叙更容易被观众记住。只要借助一点想象力，所有宣传要点都能制造出戏剧化效果。

"专家演示"成功销售

演示成交法是一种比较传统的销售方法，是指销售人员用行动的形式提示客户实施购买的方法，再配以专业化的语言，就会事半功倍。演示成交法用实际动作示范向客户展示了产品的优异与可给客户带来的利益，会产生很好的直观效果。

在现代销售活动中，有些场合仍然可以用演示的方法接近客户。

一个销售人员进入客户的办公室后，彬彬有礼地向客户打招呼，然后指着一块粘着污垢的玻璃说："让我用新投放市场的玻璃清洁剂擦一下这块玻璃。"果然，涂上这种清洁剂可以毫不费力把玻璃擦洗干净。这一番表演立即引起了客户的兴趣，主动上前打听销售人员手中的新产品。

"我可以使用一下您的打字机吗？"一个陌生人推开门，探着头问。在得到主人同意后，他径直走到打字机前坐了下来，在几张纸中间，他分别夹了几张复写纸，并把它卷进了打字机。

"您用普通的复写纸能复写得这么清楚吗？"他站起来，顺手把纸分给办公室每一个人，又把打在纸上的字句大声朗读了一遍。毋庸置疑，来人是上门销售复写纸的销售人员，疑惑之余，主人很快被这复写纸吸引住了。

这是出现在上海市浦东新区某家誊印社的一个场景。不言而喻，销售人员当场获得了这家誊印社一份数额可观的购买合同。

在现代市场环境中，这种技巧仍有重要的使用价值。销售人员用夸张性的手法来展示产品的特点，从而达到接近客户的目的。

例如，一位消防用品销售人员与客户见面后，并不急于开口说话，而是从提包里拿出一件防火衣，将其装入一个大纸袋里，然后用火点燃纸袋，等纸袋烧完后，纸袋里面的衣服仍然完好如初。这一夸张的演示，使客户产生了极大的兴趣，没费多少口舌，这位销售人员便拿到了订单。

又如，一家铸砂厂的销售人员为了向某铸铁厂销售其产品，在见到铸铁厂采购负责人之后，一声不响在负责人面前摊开两张报纸。然后从皮包里取出一袋砂，摔在其中一张报纸上，顿时屋内飘起了灰尘。正当负责人即将恼怒之际，销售人员不慌不忙地说："这是目前贵厂所采用的砂，是我从你们现场取来的。"说着又从皮包里取出另一袋砂，摔在另一张报纸上，却几乎没有什么灰尘。销售人员接着说："这是我厂的产品。"销售人员的一系列演示，引起了负责人的惊讶。销售人员就这样成功地接近了客户，并且顺利地开拓了一家大客户。

一个口述录音机的销售人员来到一个客户的办公室，这位客户可能向他大批订货。而在这个时候，客户正忙着打电话，他让销售人员坐下来稍等片刻。在客户打电话时，销售人员把口述录音机的开关打开，按下录音键。当客户打完电话准备洽谈时，销售人员把口述录音机录下来的谈话内容放了一遍，客户马上对口述录音机产生了兴趣。

从某种意义上说，销售人员就好比一位演员，扮演好这一角色就会促进产品的销售；反之，则一事无成。

一位西装笔挺的中年男士走到玩具柜台前停下，销售人员站起来迎上去。

男士伸手拿起一个声控玩具飞碟。

"先生,您好!您的小孩多大了?"销售人员笑容可掬地问道。

"6岁!"男士说着,把玩具放回原位,眼光又转向其他玩具。

销售人员把玩具放到地上,拿起声控器,开始熟练地操纵着,前进、后退、旋转,同时又边说着:"小孩子从小玩这种声音控制的玩具,可以培养强烈的领导意识。"接着,销售人员把另一个声控器递到男士手里,于是那位男士也开始玩起来了。大约两三分钟后,销售人员把玩具关掉。

"这一套多少钱?"

"450元!"

"太贵了,算400元好了!"

"先生!跟令郎的领导才华比起来,这实在是微不足道!"销售人员稍停一下,拿出两节崭新的电池,说,"这样好了,这两节电池免费奉送!"说完便把一个原封的声控玩具飞碟,连同两节电池,一起塞进包装用的塑料袋里递给男士。

男士接过玩具问道:"不用试一下吗?"

"品质绝对保证!"销售人员送上名片说,"我们公司来这办展示,已经交过一笔保证金!"

一个出色的销售人员,必须熟悉自己所卖的产品性能、特征、优点和用途,同时还要了解客户,用最有效的巧妙语言诱导客户,并给客户留下毋庸置疑的印象,这样做一定能深得客户的欢心,从而促进产品销售。

在运用演示成交法时应注意以下5个方面:

(1)演示动作要设计好、排练好。

优美、专业的动作,在销售时能引起客户的注意,并能保持购买的兴趣。

（2）表演的演示动作应该自然而不造作，优美而不夸张。

由于很多人讨厌江湖卖膏药的那套把戏，所以，动作越接近生活、接近实际，就越能打动客户的心，越有说服力。

（3）演示动作要尽量突出产品的主要优点。

在设计动作时，应反复推敲以利于多方面展示产品的优点。同时，演示的动作要针对客户的主要购买动机。

（4）演示过程中应尽量鼓励客户参与。

由客户本人重复做一些演示动作，销售的效果会更好。因为它符合客户的认同心理。对比销售人员而言，客户更相信自己，因此，由客户参与表演，不仅对他本人，对其他客户也都更有说服力。

（5）演示的动作和说明的内容一定要真实。

用于演示的样板产品，与以后供应给客户的产品应保持一致性，销售人员一定要坚信："人无信不立，业无信不兴""人敬我一尺，我敬人一丈"。

让"第三者"为你说话

为了刺激客户采取购买行动，有时候你说100句也顶不上你引用一次"第三者"对你产品的评价。

例如，谈到你要卖出的一块土地，你可能对你的客户说："前不久一个客户也来此地看过，他觉得非常满意，想在此地盖栋别墅，可惜后来，他因资金周转问题而无法购买，我也为他感到遗憾。"

这种方法效果非常好，但是如果你是说谎又被识破的话，那可是非常难堪的，所以应该尽量引用事实来帮助销售。

巧妙地引用他人的话，特别是买产品的"第三者"的话，向你的客户说出他人对你的产品评价，有时会收到意想不到的效果。

这一技巧的妙处在于，一般的客户对于销售人员的印象总是不那么好，对于销售这种售卖方式也持怀疑的态度。但是如果你非常成功地引用了"第三者"的评价来游说客户，那么客户一定会有一种安全感，他本人也会消除对你的戒心，相信你给他做的产品介绍，因此他便认为购买你的产品要放心得多了。

假如你为一家公司销售一种新式化妆品，而这家公司已经在电视上做过广告，那么你的销售一定应从广告（电视台也是一种"第三者"）开始。

如果你知道某个"大人物"曾盛赞或使用了你正在销售的产品，那么你的销售会变得比原先容易得多，因为电影明星、体育明星等"大人物"一定会比你更容易得到信赖，说服力也就当然比你强得多。

但这样的好事未必就落在你所销售的产品上，那也不要紧，你如果能打听到你的客户的周围有一个值得信赖的人，曾经说过你产品的好话，你就应该不失时机地加以应用。甚至你可以先向他销售你的产品，只要你很聪明，无论成与不成，你都能从他的口中获得对你产品的赞美，这会成为你在他的影响力所及的范围内进行销售的通行证。

当然，假如你引用一个客户并不了解也不认识的人的话，也不一定就没有效果。只要这话的确有理，而客户又在乎时，那么他仍然会觉得言之有理而加以考虑。如果你去销售圆珠笔，你可以对客户说："我的一个朋友每半年总要买上七八支圆珠笔，在他经常工作的地方，每处放上一两支，他说这样很方便，因为那样就不会出现急需要用时还得到处去找的情况了。随手拿来就用当然再方便不过，而且七八支笔使用平均半年都不用换新的，所以比一次买一支要划算得多。"

你的客户听了这段话一定会觉得很有道理，他便很可能从此改变了他的购买方式，一下子从你这里买去许多支圆珠笔，使你的销售额成倍地增加。

当你敲开一家客户的大门，你应该对出来开门的女主人说："这就是电视里天天出现的那种最新款的化妆品，您一看就会认出来的。"然后你立刻将样品递过去，她便不会怀疑你了。

如果你认为她并不是一个喜欢标新立异的人，你就可以接着告诉她："我刚才已经销售了几十瓶，大家都是看了电视里的广告介绍才购买的，而且它也的确不错。"这样，她购买的可能性就更大了，因为你一直都在"请"电视和其他的购买者来为你说话，她自然不会产生怀疑，相反会感到安全而乐于购买你的产品。

某些人对新产品特别有兴趣，一旦新产品问世，会赶快抢先买来，给朋友或家人看。有些人正好相反，做起事来极度保守，对于新产品不大欣赏，致使他的朋友都感到很迷惑。

购买产品时，客户若说："新产品不知道怎么样？"就表示他有意思买下，可是又担心新产品的性能、机能、质量、流行性、是否合乎自己的身份等，想得很多。如果是代表公司来购货，说："我曾经吃过苦头，不敢再买。"一定是从前曾因采购新产品而犯了错误，受到教训。倘若没有其他反对意见就这么说，表示他的确是吃过苦头。此时你应该听听他的原委，知悉其来龙去脉后，进一步商讨改进的方法，让他安心购买。

另外，还可连同"第三者"的评论，保证产品的服务，以此来劝服对方购买。

"经理先生，请您看看这里，这一部分使用的材料是具有特高硬度的合金，所承担的压力相当于旧产品采用金属的三倍。这有一份超硬合金的分析表（资料法）。前三天有一家精密仪器公司，也买入同样的产品，他们反映说性能佳、生产力极高，大家都很高兴。这里还有一份工业周刊的记载，请您参考一下，正如它所推荐的一样发挥了高度的功效，在市面上大家都说是划时代的产品（市场评价）。洪博士也称赞这种新式机器（权威专家的赞誉）。"

如此，客户就一定会对你的产品兴趣大增。

说专业话语速快慢要适中

一家广告部经理给一位语言培训专家打来电话，请他给其手下的一位员工培训，并向这位专家抱怨道："她已40多岁，并担任我的秘书15年之久，我很喜欢她的工作，可是她说话的速度快得令我紧张不安、无法跟上。几年前我不会像现在如此在意，可是随着工作压力与负担的加重，她的声音对我的刺激也越来越大。我并不想辞退她，可要是她说话不放慢速度，我只好让她离开，让自己放松。"

在交谈过程中，要想清楚地表达自己，尤其是在说比较专业的语言的时候，要留意自己说话是不是太快了，如果说话快而致使语音不清，就会使人糊里糊涂，听了等于没听。

即使快而清楚，也不足效仿。说话的目的在于使人全部明了，别人听不清、听不懂，就是浪费时间。人要训练自己，讲话的声音要清楚，快慢要适中。说一句，人家就可听懂一句，不必再问。要知道，陌生人或地位比你低的人是不敢一再请你重说的。

事实上，说话的快慢确实可以通过练习来调适。如果你说话的速度太快，下列4点技巧可以帮助你减慢语速。

（1）从1数到10，第一次5秒钟说完，第二次10秒，第三次20秒。

（2）经常练习高声朗诵报纸上的文章，先用铅笔将你认为要连贯的字词做个记号，朗读时，同时移动铅笔，引导你的声音。要是你觉得自己平常说话的速度太慢，就加快一些；要是太快，就放慢些。

（3）将自己的说话进行录音，然后重放，检查自己的语速是否过快或过慢，是否跳跃、停顿。

（4）录下一些好的新闻报道，试着模仿主持人的播音。

有时，你可以发现，即使是同一个国家的人，他们讲同一语言，不同地域的人说话的速度也不一样。例如，某一语速对南方人十分恰当，但到了北方，就显得太快了。

有一位销售人员，他发现自己经常无法把要说的话在限定的时间内说完。他也许行驶了40分钟赶到一位客户家中，后来却只有15分钟介绍自己的产品。他发现自己最大的困难之一是如何组织自己应该说出的话。后来，他请教了一位语言专家，专家听了他的情况之后，建议他从学会调整自己的语速开始。在他开始练习调整语速之前，一般人只需要10分钟便可轻易讨论完的问题，他却要花15分钟。通过训练，他可以在10分钟内有效地讨论别人要花20分钟的问题，他可以随意地加快或减慢速度。

你可以放慢自己的速度，以满足客户的需要；你可以根据一天的工作安排、客户的类别、当时的气氛等因素，来调整自己说话的语调和语速，以应付不同情景的需要。

语言表达得灵活、规范与否，反映出一个人处世应变的能力和专业素养，它是销售人员应具备的基本功。

1. 措辞严谨，表达准确

一名合格的销售人员应当根据不同对象、不同情境，选择和调整销售用语。在察言观色、见机行事的前提下，抓住最能打动客户的方面，恰如其分地运用朴实无华的销售用语，使其通俗易懂又真实可信；对客户而言，对所销售产品过于夸张的语言只会令人怀疑甚至反感。

积极的销售用语是指为客户着想，谨慎而不失巧妙地表达自己对所销售产品的准确见解，使客户心中有数，主动认同并产生购买行为。

2. 谈吐文雅，语言得体

销售人员必须遵循合作、礼貌的原则，保持尊重客户、诚恳待人的态度，运用温和委婉而具有礼节和分寸感的说话方式，这是销售人员良好素养的体现。

3. 声情并茂，抑扬顿挫

情感投入与声音控制是一个人气质与风度、魅力与能力的体现，它是销售技巧的重要因素。

（1）个人形象的塑造。个人形象是一种无声的语言。它通过服饰打扮、表情体态、动作习惯等富有暗示性的细节，传达出销售人员的个人修养、精神面貌及心理状态；它是冲击客户"第一道防线"的试金石。

一般来说，整洁大方、诚实稳重、亲切随和、自信开朗的个人形象，容易在客户心目中建起良好的第一印象。

（2）语言的感染与留白。语言的运用对销售人员来说，固然可以凭着侃侃而谈、滔滔不绝的良好口才表现出感染力；但对客户而言，不留余地的谈话是令人烦躁的。它往往会破坏交流，从而给人以夸夸其谈、强词夺理甚至目中无人的感觉。表达的节奏感是销售语言必须掌握的"火候"。

所谓"点到为止""引而不发""过犹不及"等无不表明：融洽、友好的交谈必须举止文雅、用词简洁，才能达到游刃有余、应付自如的理解与默契境地。"先声夺人"在销售人员那里只能是失败之举；同样，没有反馈空间的谈话只能是劳而无功。

（3）感情基调的把握。销售人员在与客户交流中，必须调配好感情色彩。例如，赞美对方不能毫无节制和根据的阿谀和吹捧，让人以为不怀好意；同时，交流必须平等，不能巴结或乞怜，低声下气的销售人员是不受欢迎的。

真诚而不虚伪，热情而不过分，正直而不狭邪，亲切而不攀附等，都是销售人员应把握好的感情尺度。

从专家的眼光来看竞争对手的产品

有一位客户到家具店想购买一把办公椅子，销售人员带客户看了一圈。

客户：那把椅子价钱怎么算？

销售人员：600元。

客户：这一把为什么比较贵，隔壁有一把和这个看起来差不多，只要250元。而且从我们外行看来觉得这一把应该更便宜才对！因为那一把比较漂亮。

销售人员：这一把进货的成本就快要600元了，只赚您50元。

客户：为什么这把椅子要卖600元？

销售人员：先生，请您两把椅子都坐一下比较比较。

客户依着他的话，坐了一下，虽然感觉比250元的稍微硬一些，但是坐起来还蛮舒服的。

销售人员看客户试坐完椅子后，接着告诉客户：

250元的那把椅子坐起来较软，觉得很舒服，反而600元的椅子您坐起来觉得不是那么软，因为椅子内的弹簧数不一样，600元的椅子由于弹簧数较多，绝对不会因变形而影响到坐姿。不良的坐姿会让人的脊椎骨侧弯，很多人腰痛就是因为长期不良坐姿引起的，光是多出弹簧的成本就要多出将近100元。同时这把椅子旋转的支架是纯钢的，它比一般非纯钢的椅子寿命要长一倍，不会因为过重的体重或长期的旋转而磨损、松脱，这一部分坏了，椅子就报废了，因此，这把椅子的平均使用年限要比那把长一倍。

另外，这把椅子，看起来不如那把那么豪华，但它完全是依人体科学设计的，坐起来虽然不是软绵绵的，但却能让您坐很长的时间都不会感到疲倦。一把好的椅子对成年累月坐在椅子上办公的人来说，实在是非常重要。这把椅子虽然不是那么显眼，但却是一把精心设计的椅子。那把250元的椅子很好看，但是质量就差了一点。

客户：还好只贵350元，为了保护我的脊椎，就是贵800元我也会购买这把较贵的椅子。

用专业的眼光来看待竞争对手的产品，就要求销售人员将两种产品的利弊分别详细地向客户解释清楚。只有让客户看到自己产品的优点，并加以衡量之后，客户才会心甘情愿地购买。

这时，销售人员最好采用陈述的方法，这样才会让客户感觉到你是在客观地评价，而没有加入过多的感情色彩，才会相信你所说的一切。

销售人员所用的陈述方法主要是直接陈述接近法。

陈述的内容可以是一件有关事实，也可以是其他客户的评论。无论陈述的具体内容如何，都必须与客户有密切的利害关系，而且常常以一个问题结尾，引起客户思考并作出相应的反应。

下面介绍直接陈述接近法的一些应用实例。

"最近莲花牌洗衣机又获得了金质奖，您不想买一台？"这位洗衣机销售人员直接陈述一件事实，希望以优质产品引起客户的注意和兴趣。

"本产品比其他同类产品至少便宜20%！"这位销售人员用一条市场信息，代客户作为制定购买决策的依据。

"这是本厂推出的最新产品！"这位销售人员直接报告一件新的商品信息，以满足客户的求新心理需要。

"本公司产品保修20年，24小时提供修理服务。"这位销售人员的陈述可以解除客户的后顾之忧。

"本厂已有100多年的历史，现在是定点生产的专业化工厂。"这位销售人员的陈述强调了工厂的历史和性质。

"这是有关本产品的新闻报道。"销售人员以登报事例为依据，使销售更有说服力。

从销售理论上讲，直接陈述接近法符合一般客户认识产品和购买的心理过程。在实际销售中，有许多有利于销售活动正常进行的事实和道理，并不为客户所知。一般来说，在利用此法时，应该注意下述问题。

（1）直接陈述接近法必须高度概括、简单明了。

切不可面面俱到，令人听来心烦。其目的在于引起客户的注意和兴趣，而不在于展开全面的交谈。只需三言两语直接陈述要点，不可进行长篇大论的销售介绍或说教。如果说整个销售过程是一场戏，那么，直接陈述接近法只不过是介绍剧情的开场白。

（2）直接陈述接近法必须富有新意，不落俗套。

陈词滥调，是直接陈述接近法的大忌。

（3）直接陈述接近法必须具有感染力，找到客户的主要购买动机。

它的主要力量在于强大的感染力。必须根据客户利益来精心设计，直接找到购买动机。只要陈述内容能深深打动人心，即使陈述方式平淡无奇，也能促成生意。

（4）直接陈述接近法必须有理有据，杜绝一切不实之词和无稽之谈。

它的作用在于表现出销售人员的理性。无论是陈述一个道理还是报告一件事实，都应对客户负责，不讲大话，不讲假话。其实，销售人员的真正力量就在于大胆讲真话、讲实话。另外，还必须为所陈述事实和论点找到真凭实据。与其高谈阔论，费尽口舌，不如拿出真凭实据，更令人信服。

为客户提供专业服务

某家运输服务公司欲购买两辆货运车，装载量是4.5吨。汽车生产厂家在接到订货单后立即开始分析，经研究后认为买两辆装载量为4.5吨的小型货运车，不如买1辆8吨的卡车对生产厂家更有利。于是他们打电话给那家运输服务公司，将自己的想法告诉了对方，当然，话中只提到这样做的目的是为运输公司利益着想的。

运输公司得知这一消息后，百思不得其解，他们在买货运车的条件上，并无特殊的要求，只是用购买来的货车解决业务上的燃眉之急。他们并不明白汽车生产厂家建议他们改买1辆8吨卡车的原因。

诚然，在实际的产品销售活动中，客户常常会遇到令他们不解的问题。那么，该如何消除他们的疑团呢？

最好是做如下的说明：

"尊敬的客户朋友，我们首先是充分考虑到您的最初想法。您的意思是说，2辆小型货车在运输工作中显得轻巧方便。的确，2辆载货量为4.5吨的小货车比1辆8吨大卡车的载货量要多1吨。但是，您再想想，使用2辆车时，必须聘请2名司机来驾驶，不仅如此，同时在保险费、车辆检验费、停车费用上还要花费更多的钱。除此之外，还有燃料费、车祸率、被盗率、违章驾驶率等也随之增加，这样一来，贵公司的开支将为此增加2倍。您觉得这样合算吗？假设你要运送7.8吨的货物，那么用8吨载货量的卡车一次就可运完，而用4.5吨的货车，则需要同时动用2辆车。那么，您觉得购买哪类车更为有利呢？"

上面例子中的汽车生产厂家可谓是为客户提供了专业化的服务。他们给客户做了详细专业的分析，替客户着想，怎能不受客户的喜欢？

客户要求在购买之前更多地了解产品，他们信任那些实事求是地介绍产品的专家型销售人员。而获得客户的信任常常是成功销售的关键。仅有滔滔不绝的口才和令人愉快的个性是不够的，销售人员应该向客户提供具体的数据、资料、情况和建议。只有这样，才足以说服客户购买产品。

对于产品和服务，销售人员必须更全面、更具体地了解情况。应该让客户感到你是这方面的专家，你的说明具有权威性。

大部分公司在销售产品时都附带一定的服务项目。有些客户除了要求享有固定的服务项目外，还要求获得额外的服务或者要求提高原有服务的水平，销售人员要了解公司所提供服务的时间、地点及费用，了解公司为客户提供额外服务或提高服务水平的可能性，同时还要了解各项服务对客户的重要程度。几乎所有的购买者，不论是个人还是公司，不论是有形产品的购买者还是无形产品的购买者，都希望享受销售人员的服务。购买数量越大，购买的商品越复杂，对服务的要求越高。客户乐于与有服务精神的销售人员打交道。

销售人员必须能够熟练回答客户的类似问题：产品售出以后公司能做什么？提供什么类型的服务？但是，你要记住，一定要按保修书上写的进行说明，以免发生误解。要了解本公司在维修、更换配件和退货方面的规定，客户需要这方面的信息。当客户有问题时，你应该知道找维修部的什么人联系，如果想获取客户的信任，必须在客户需要帮助时给他们提供支持。

做好销售前、销售过程中以及销售后的服务，是销售人员应承担的职责。因为在竞争激烈的市扬上。服务往往成为能否销售成功的关键因素。

销售前的服务主要包括：帮助客户确认要解决的问题；为客户提供尽可能多的选择；为客户的购买决策提供必要的咨询。这些工作为成交奠定了基础。

销售过程中的服务主要包括：为客户提供运输、保管、装卸以及融资、保险、办理各种手续方面的帮助，这些能为客户带来额外利益的服务项目常常成为决定成交与否的主要因素，尤其是在产品本身的特征和价格差别不大的情况下，客户总是选择那些能提供额外服务的公司。

销售后的服务主要包括：产品的安装、调试、维修、保养，人员培训，技术咨询，零配件的供应，以及各种保证或许诺的兑现等。这些服务不仅能够消除客户的抱怨、增强客户的满足感，而且有助于建立良好的公司形象，巩固与客户的关系。

必须具备的专业知识

据美国一家杂志对1 000家从事工业的公司采购人员的调查显示，所有采购人员都认为，具有丰富的产品知识是优秀销售人员最重要的特征。

1. 了解产品的基本特征

产品的基本特征，包括产品的规格、性能、材料、特点等。如果一位购买家具的客户询问家具的材料是什么，销售人员却回答不上来，那么客户会认为，销售人员肯定知道家具的材料，只是由于材料很差，所以销售人员不愿说出。如果一位汽车销售人员不知道汽车的制动方式、油耗、汽缸指标，很难相信他能卖掉汽车。如果销售人员不了解所销售产品的特点，那么当客户问"同样的产品，为什么你们的价格比别人贵这么多？"时，销售人员就会无言以对。

2. 了解产品的生产过程

有些客户要详细了解产品的生产过程。例如，服装店人员采购西服时，他们不仅要询问面料的类型，而且还要了解裁剪、缝制熨烫的方法与过程，因为这些信息有助于销售工作；而另一些购买同样产品的商店可能不需了解这么多情况，他们可能认为有一个响亮的牌子就足够了。又如，小型计算机的买主通常都要询问有关数字处理、操作、存储等方面的详细情况，而且提出的问题可能很专业。销售人员必须对每个问题都作出确切的回答，才能赢得客户的信任。如果客户问："该机的微处理器怎么样？"销售人员不能简单地回答："很可靠！"而应提供具体的信息："该机使用的是Intel公司的32位微处理机。Intel是世界上最大的微处理机生产商。"

3. 了解产品带给客户的利益

销售人员仅仅了解产品的特征是不够的，更重要的是要了解产品能够为客户带来哪些利益。因为，从某种角度说，客户购买的不是产品本身，而是产品带来的利益。

4. 了解产品的使用方法

学会熟练地操作和使用产品，无疑可以增加销售机会。因为在操作和使用中介绍产品要比单纯的语言介绍更有效果。有些产品则必须由销售人员向购买者传授使用方法，否则客户根本不会购买，如新的家用电器商品、工业设备以及现代办公用品等。使用方法应包括维修、保养方法。

仅仅了解本公司的产品还不够，销售人员还应掌握所销售产品怎样与其他有关产品配合起来工作。例如，新型一次成像胶卷的销售人员就必须知道，新型胶卷可以用在哪些照相机上；计算机软件系统的销售人员必须向客户介绍该软件系统如何使用在不同类型的硬件上。此外，销售人员还须了解产品与服务的关系。例如，有些公司向客户销售产品时，帮助客户申请优惠的贷款用于支付货款。

5. 了解产品特征与产品利益

所谓产品的特征，是指产品本身所具有的内在性能和外在特点。所谓产品的利益，是指通过占有和使用产品，客户能够获得的好处。两者显然是不同的；但它们之间也有联系：产品之所以能够给客户带来利益，是因为产品具有能够满足客户需要的内在性能和外在特点。

假定某公司生产的钢笔具有显著的特征：①外型美观、独特；②用不透气塑料制成的密封性能良好的笔盖；③新型笔尖：用尼龙材料制成；④笔杆设计合理；⑤颜色多种多样，可供任意挑选。

与上述特征相对应的该产品的利益分别是：①可以表现客户高雅的审美眼光，赢得他人的羡慕与欣赏；②可减少墨水挥发，吸一次墨水可使用更长时间；③笔迹漂亮，即使用力较大，也不会划破纸张；④握笔舒适，书写流畅；⑤可以让喜欢不同颜色的客户均有所爱。

通过此例，可以清楚地看到产品特征与产品利益之间的不同，客户感兴趣的往往是产品的利益。如果销售人员只了解产品的特征，而不能把产品的特征与产品的利益结合起来，那么，这种介绍就很难取得成效。但是，如果不说明产品的特征，就很难让客户相信产品能够为其带来好处。如果销售人员不说明"笔盖的材料为高密度塑料"，客户就不太可能相信"墨水不易挥发"的说法。

任何一种产品都具有多方面的特征，能够使客户获得的好处也不止一个。应该说，产品的利益越多，激发客户购买欲望的可能性就越大。但是，并非每个利益对客户来说都同等重要，大部分客户只重视主要利益，决定购买与否的关键因素也是看能否获得主要利益。例如，对一支钢笔的购买客户来说，笔杆设计如何可能并不重要，客户可能更关心用这种钢笔写字是否顺手，是不是使自己感到写出来的字更漂亮些。因此，销售人员要善于区分产品的主要利益和次要利益，把说服工作的重点放在说明主要利益上。

然而，对于不同的客户来说，同一产品的主要利益是不同的。有的客户可能把产品的外观作为购买与否的主要标准，有些客户则可能重视笔尖的材料和柔韧性。这就要求销售人员要根据客户的心理与动机介绍产品特征，说明产品利益。

最后，应该说明的是，客户所获得的利益不仅仅来源于产品，客户还从成交条件及服务中寻求利益。也许决定一家零售商店是否购买钢笔的因素，并不在钢笔本身的特征是否符合其要求，而在于价格或厂家的声誉。因此，销售人员还要了解公司的政策和市场竞争状况。

专业的询问方式

一位电子产品销售人员在销售产品时，与客户进行了这样一番对话：

销售人员：您的孩子快上中学了吧？

客户：对呀。

销售人员：中学是最需要开启智力的时候，您是不是很想提高孩子的智力？

客户：是啊，不过还不知道怎样做才有效。

销售人员：我这有一些游戏卡，对您孩子的智力提高一定有益。您肯定认为给孩子买游戏卡会耽误她的学习是吧？

客户：呵呵，是这么想的。

销售人员：我的这个游戏卡是专门为中学生设计的，它是一款把数学、英语结合在一起的智力游戏，绝不是一般的游戏卡。

（客户开始犹豫）

销售人员：现在是一个知识爆炸的时代，不再像我们以前那样一味从书本上学知识了。现代的知识是要通过现代的方式学的。您不要固执地以为游戏卡是害孩子的，游戏卡现在已经成了孩子重要的学习工具。您看，这就是新式的游戏卡，来，咱们试一下。

（客户被吸引住）

销售人员：现在的孩子真幸福，一生下来就处在一个良好的环境中，家长们为了孩子的全面发展，往往在所不惜。我去过的好几家都买了这种游戏卡，家长们都很高兴能有这样有助于孩子的产品，还希望以后有更多的系列产品呢。

（客户已明显地动了购买心）

销售人员：这种游戏卡是给孩子的最佳礼物！孩子一定会高兴的！您想不想要一个呢？

（结果客户心甘情愿地购买了游戏卡）

在这里，销售人员巧妙地运用了询问的艺术，一步一步，循循善诱，激发了客户的购买欲望，使其产生了拥有这种商品的感情冲动，促使并引导客户采取了购买行动。这位销售人员运用专业的销售技巧促使销售成功。

站在对方的立场上来思考，设身处地，投其所好，发现对方的兴趣、要求，然后再进行引导，晓之以理，动之以情，使之与你的想法一致，最后使之接受。

据说，墨西哥的大公司领导者办公室中常有两把椅子并行排列，商谈时并肩而坐，这样，便能促使商谈顺利完成。因为这时由于双方的步调一致、立场一致，给人们的感觉就不是"你我"，而是"我们"。

经验丰富的销售人员在说服开始时，总是避免讨论一些容易产生意见分歧的问题，而只是在洽谈结束时才把这些问题提出，这样双方比较容易得到一致的意见。

为了顺应对方并与之同步，询问是一个有效的说话方法。在整个说服过程中，销售人员应该不断地向客户提出问题，有了一问一答，就如同手握舵盘，可控制谈话的过程。

但要注意的是，在开始的时候，最好只使用询问的方法提问，在说服进行到一定的阶段时，才能向客户提出那些你想真正得到答复的问题。

销售中以提问的方式进行正面引导，可以起到使对方易于接受的作用。其中，肯定性诱导发问法就是对提问的较好运用。这是对肯定性说法、诱导性说法以及发问说法3种方法的同时运用。

首先是肯定性说法。例如，"很受人欢迎的"。

其次是诱导性说法。例如，"这机器有大小两种，不知您愿意选择哪一种，不过我想是不是大的比较好呢？"

最后是发问的说法。例如，"先生您要如何使用呢？"

在举例子说明肯定性诱导发问法之前，先看一下与它相反的否定性诱导结论法，也就是不用对方开口回绝，自己就把成交的路堵死的方法。试看下面例子是如何下否定性结论的：

"由于这是宗大买卖，所以请您考虑一下，等决定了再告诉我。"

"照这种情形看来，今天还是不会有结论的了？"

举上述反面例子是为了推荐肯定性诱导发问法，如果有些销售人员还在进行着上述否定性的商谈，建议你参照、学习肯定性诱导发问法。

举例如下：

（1）假如现在不能作出决定，您不觉得以后将更无法决定吗？而且对您来说，采取这种做法不是只会增加您过多考虑的麻烦吗？还有时间上的浪费？

（2）假如是在这种情形下作出决定，您不觉得现在就决定比较合适吗？如果再考虑下去的话，您不认为这样做只是等于把工作往后拖延吗？

（3）您是不是要找什么人商量呢？还是可以单独决定？

（4）您不觉得现在一起决定比较好吗？还是要分开来考虑？

（5）是不是车站附近比较方便？还是您要选择什么环境？

（6）红色的看起来是挺不错，但绿色的是不是更合适？

（7）是第一次付款多一点呢？还是选择分期等额付款？

（8）这次您还是租用呢？还是要分期付款呢？

（9）要不要签订契约呢？还是要先预约呢？

（10）三天后再交货可以吗？如果你急用要不要现在先带回去呢？

一般来说，销售人员一旦提出自己的决定，客户就会有对方在强迫自己购买的感觉，因而产生拒绝性的反应。所以，销售人员应该视情况的变化委婉询问，逐步把客户引到自己所希望的方向上来。上面的最后一例就是这种情形。当然这样做的前提是销售人员必须牢牢把握主动权，如果丧失主动，被买方牵着鼻子走，那么销售人员就极容易陷入混乱，销售商谈必不能顺利进行。

专业的说服方式

王先生在商店中看到一种外号叫"迷你灯"的小壁灯。它小巧玲珑、美观大方，引起了王先生的注意。

这时一位销售人员上前推荐说："这灯很灵巧，先生您买一个吧！"

王先生顺口说："我家里已有8盏灯，还有电筒。"这位销售人员听王先生这么一说，竟无言以对。

这时，另一位年纪较大的销售人员开口了，她很客气地问王先生："先生常看电影吗？当您走进电影院，遇到已经熄灯又看不到服务员时，您不是可以用这个迷你灯吗？"

看到王先生脸上越来越感兴趣的神情，她接着又说："您有半夜醒来看手表的习惯吗？"

她一面说着一面使用着迷你灯。王先生觉得这位销售人员说得很在理，自己的确很需要这样一盏灯，于是很高兴地掏出钱购买了迷你灯。

归纳起来，销售中说服的方式大致有3种。

1. 乞求式说服

乞求式是最差的一种说服方式，例如，"务必请先生买下啊，否则我这个月完不成任务，就要被扣罚奖金了！"用这种方式说话，偶而也会博得客户的同情。但是，这样低三下四去乞求客户发慈悲，把自己的人格和尊严都丢了，对于一个销售人员来说，付出的代价实在太大。

2. 高压式说服

至于高压式说服，也非成功之道，而且还令人讨厌。例如，在街上我们常常看到这样的情形：销售人员死死拉住客户，大有非买不可之势。这样强迫人购买的做法，纵使一时得逞，以后也不会再有生意了。

3. 低压式说服

所谓低压式说服，其实正确的说法应是"无压式说服"，销售人员在销售的时候把自己放在与客户平等的位置上，即站在客户的立场上，为客户出谋划策，向客户表明，如果接受了自己的建议，他们能得到什么好处。给客户考虑，欢迎客户发问乃至欢迎他们提出异议。

这样低压的说服方式才是可取的、科学有效的方式。

上面例子中第二位销售人员使用的就是低压式说服，将迷你灯与王先生的利益结合起来，用礼貌的态度和有力的语言清清楚楚地说给王先生听，从而达到她说服的目的。

销售人员是销售产品的专职人员。客户即是自己的上帝，如何接近他，给他以好感、信任感，如何将话题逐渐地引到自己要销售的产品上，是非常重要的。

万事开头难，谈话也是如此，接近客户是第一步。这就需要当客户说话时，做一个好的听众，给客户以好感，同时适时地、有技巧地附和客户的言谈，这样谈话可持续下去。客户津津乐道，你洗耳恭听，关系自会随着气氛的和谐逐渐地好起来。

客户接受了你，也就为接受你的产品铺平了道路。

下面就是一个成功的案例。

在双方互换名片之后，销售人员也作了自我介绍，他是某建设银行的职员，对方是北京一个颇有名气的美容师。双方落座交谈。

"哦，你是银行职员，这次来的目的，是不是又来劝我们为你们多存些钱，你们这些银行啊！"

"先生，你们这家美容院在北京名气可真响。我们知道您每天特别繁忙，打扰您，不好意思，真抱歉。"

"我们虽然是北京较大也有些名气的美容院。可现在到处都要用钱，现在北京我们这个行业竞争也太激烈了，我们也正在挖空心思地进行创新、竞争，不论干什么，都用钱，哪里还有钱存入银行啊？"

"是啊！您说得真对，没错！现在各项费用合起来，也是一笔很大的数目。"

"嗯，确实，为了在竞争中立于不败之地，我们到处聘请名师，加奖金，调动职员的积极性，也经常增加设备，市场嘛，也就是这个样子。"

"看得出，×经理，年轻有为，怪不得名气越来越响，报纸、电台到处都在宣传您的美容院。"

在谈话中，销售人员需要借助表情、肢体语言、视线等来表示自己正在认真地听、认真地想，只有这样，才能使得谈话顺利而有效，最后做成了一笔生意。

所有销售人员应像上述例子中的成功者一样，适时地根据话题附和客户，使其谈话顺利进行。如果你对他的某些观点实在难以苟同，也实在不愿违心地说附和的话，那么你就认真地听下去就是了。但不可使谈话中止，可用一些语气词如"哦""嗯"，不过这些情况也要尽量避免。最好是适时地配合客户说的内容加以附和。如中止谈话（由于自己的笨拙而无法附和的话），则是失败的销售人员。如果不能与对方沟通，不能建立良好的关系，又怎能把产品销售出去，让对方接受呢？

千万别忘了随机应变、见机行事的重要性。配合客户的话题随声附和是使谈话持续、建立亲近感的唯一方法。

为了达到这一目的，销售人员平时应学会察言观色，在说话的技巧上多加以锻炼，多了解社会、人情，了解客户的心理，掌握好的、正确而有效的与人沟通的销售话术技巧与方法。同时，销售人员在业余闲暇时多看些书来提升自己，使言谈丰富，见多识广。

在销售过程中给予说明

有位客户到商场购买照相机。柜台里陈列着许多牌子的相机，令人眼花缭乱。这位客户便想请销售人员给介绍一下。

谁知这位销售人员竟回了客户这样一句话："您自己要买的东西您都不懂，您问我，我也不知道，我只负责收款。"这位客户最终乘兴而来，败兴而归。

当然，这位客户没买成照相机，可是这位销售人员也没有把他腰包里的钱收去。她专管收款，可是钱都摆在柜台上了，她却没有收去。交易失败，原因是什么呢？

原因在于销售人员没有掌握产品知识。幸好这位销售人员用不着去进行访问销售，否则即便跑断了脚、磨破了嘴，也很难销售出一部相机。

很多销售人员对自己所销售的产品，缺乏或干脆不具备应有的产品知识。当客户前来购物时，无法为客户提供一个满意的产品说明。

销售说明就是把产品的性能、功用介绍给客户，使其对新产品有一个完整的认识，这就要求销售人员掌握各种专业知识。

广州某药厂有位销售人员谈起他们厂生产的感冒药的疗效，能从感冒病毒的种类谈起，说到感冒的类型、发病的最高季节、人的不同体质对感冒抵抗的程度、传统疗法、全国各主要药厂生产的感冒药的各自特点，最后谈到他们厂药品的主要成分及效用等，这样的销售人员难道不值得其他销售人员好好地效仿吗？

"说明"是为"说服"服务的，要到达成功的彼岸，对产品的说明必须合理。实事求是是合理说明的首要条件。销售人员销售产品或服务，并不是靠花言巧语来欺骗客户的。如果是夸大其词，那么即使口才再好，也必败无疑。

有一对正准备结婚的恋人，来到某电器集团的展销部购买电冰箱。这小俩口围着××牌电冰箱转了好久，男方正准备掏钱付款的时候，女方突然改变了主意："我看，我们还是去买日本的东芝冰箱吧！"

"怎么你又变卦了，原来不是说好的吗？"

"我看这种国产冰箱质量不保险，不如日本的好。不过是多花一千元。"

这时候，站在一旁接待他们的销售人员，眼看到手的生意没了，便气愤地脱口而出："得了，你早说不买，就别问这问那。日本的好，你们又有钱，去日本买好了，干吗上这儿来？"

当小俩口转身想走时，门市部主任微笑地走了过来："两位请留步。我有几句话要对两位说。真对不起，方才我们的销售人员说话没有礼貌，冲撞了两位。我向两位赔礼道歉。"

这小俩口听他这么说，才平息了怒气。

"至于买不买我们的冰箱都没有关系，只是有一件事要向两位讨教一下。"

听到"讨教"两字，小俩口真的认真起来了。

"方才这位小姐说，我们的冰箱质量有问题，是否可以具体说明一下，也便于我们改进工作。"

小姐冷不防被主任这么一问，一时不知如何作答，迟疑了一会，才吞吞吐吐地说："我也是听人说，东芝的冰箱好。"她指着冰箱背后的散热管，继续说："这些弯弯曲曲的管子都露在外面，也不好看。"

主任听她这么说，心中明白了几分。

"小姐，这完全是误会。当然，东芝电器历史久、老品牌，有许多优点。但是，我们国产冰箱近些年来也有很大的进步，你们方才看的这种冰箱，正在走向国际市场。我们的冰箱经过周密的计算，将散热管暴露在空气中，散热的速度可提高一倍。由于热量散得快，所以冰箱内部制冷的速度快，达到提高效率、节约电能的目的。实验结果表明，与同等容积的密封式相比，我们耗电量仅是它们的30%。如果一天省半度电，小姐请你算一下，1年省多少电费？至于说到美观，这是不必要的顾虑。因为散热管在冰箱背后，紧靠墙壁或在墙角之间，丝毫不影响美观，请两位放心。你们若信得过我的话，下午我派车给你们送去。你们看这样行吗？"

小俩口一时竟无话可说。

销售人员在向客户进行产品说明的时候，还必须注意有条理，使人听了信服，不然的话，说起话来语无伦次，那就没有人愿意听销售人员介绍了。

另外，一种产品或服务，其本身具有众多的优点和特性，如果销售人员不看对象，一股脑儿地将这些特点和特征加以罗列、一一介绍，不但会白白浪费许多时间，客户也会由于销售人员的"狂轰滥炸"而弄得头昏眼花、不得要领。在介绍时，销售人员应根据产品或服务的特点，把其转换成对客户的益处，依客户之不同而进行不同的重点说明。这便是合理介绍最重要的一条。

由此可见，一个销售人员不论人品有多好、口才有多好，但如没有知识、不能向客户有效地说明产品或服务，就不算是优秀的销售人员。因为作为销售人员，其重要职责之一就是解决客户对产品存在的疑虑。

层层"剥笋"，消除疑虑

你剥过笋吗？一层包裹着一层，然后你再一层一层地把它剥开。

征服客户，就如同剥笋。不把疑虑解除，你就很难征服客户的心。

但消除客户的疑虑并不是一件容易的事，需要一点一点地层层递进，把道理讲明白、讲透彻，这就是层层"剥笋"的方法。

列宁在说服哈默在苏联投资办公司时，就运用了这一方法。

哈默是美国著名的企业家，在22岁的时候，他就成了拥有规模公司的百万富翁。1921年，他听说苏联实行新经济政策，鼓励吸收外资，就打算去苏联做生意。他想，在苏联，目前最需要解决的问题是消灭饥荒，得到粮食。而这时美国粮食正值大丰收，1美元可以买35.24升粮食，农民宁可把粮食烧掉，也不愿以这样低的价格送往市场出售。而苏联有的是美国需要的毛皮、白金、绿宝石，如果促成双方交换，岂不是很好吗？哈默打定了主意，来到了苏联。

哈默到达苏联的第二天早晨，就被请到列宁的办公室，列宁和他进行了亲切的交谈。粮食问题谈完之后，列宁对哈默说，希望他能在苏联投资，经营公司。哈默听了，默默不语，为什么呢？因为西方对苏联实行新经济政策抱有很深的偏见，搞了许多怀有恶意的宣传，使许多人把苏维埃政权看成是可怕的怪物。到苏联经商、投资，被称作是"到月球上去探险"。

明察秋毫的列宁看透了哈默的心事，他讲了实行新经济政策的目的，告诉哈默："新经济政策要求重新发展我们的经济潜能。我们希望建立一种给外国人以工商业承租权的制度来加速我们的经济发展。"经过一番交谈，哈默弄清了苏维埃政权的性质和苏联吸引外资的平等互利原则，很想大干一番。但哈默还是不能下定决心，为什么？因为哈默曾经听说苏维埃的政府机构人浮于事、手续繁多，尤其是机关人员办事拖拉的作风让人吃不消。当列宁听出哈默的担心时，立即又安慰道："官僚主义，这是我们最大的祸害之一。我打算成立一个特别委员会，全权处理这件事，他们会向你提供你所需要的帮助。"

除此之外，哈默又担心在苏联投资办企业，苏联会只顾发展自己的经济潜能，而不注意保证外商的利益，以致外商在苏联得不到什么实惠。列宁马上又把话说得一清二楚："我们明白，我们必须确定一些承租条件，保证承租人有利可图。商人不都是慈善家，除非觉得有钱可赚，不然只有傻瓜才会在苏联投资。"列宁对哈默的一连串疑问，像剥笋一样逐个加以澄清，并且斩钉截铁、干脆利落，把政策解释得明明白白，使哈默心里有了底。没过多久，哈默就成了第一个在苏联办公司的美国人。

如果客户对某一产品不理解、想不通，往往就会疑虑重重，这就需要销售人员据情释疑，把道理说透。学会用语言"剥笋"，你就可以征服客户的心了。

应具备的专业素质

关于生意上的说服术，本书列出8个步骤，这些征服客户的技巧一定会使你大受启发。

第一步，在与客户谈判之前，先写下自己产品和其他竞争产品的优劣点。

第二步，记下一切你所能想到的、可能被客户挑剔的产品缺点或服务不周到之处。

第三步，在内部会议上，尽量让内部的人提出挑剔意见，同时让他们在客户尚未提出意见之前，练习应对这些意见的回答方法。

第四步，当客户提出某种反对意见时，要在回答之前了解问题的症结。

第五步，利用反问来回答客户，诱导客户回答"是"。例如，销售摩托车时，你可以询问："你是不是为昂贵的修理费而烦恼？"客户的回答很可能是肯定的。既然他怕昂贵而又烦人的修理，那么你就可以趁此机会向他介绍店里最高级的摩托车的优点就在于不必经常修理它。

第六步，不要同意客户的反对意见，这样会使其更坚持原有的立场和观点。

第七步，假如客户提出的反对意见是容易应付的，你可以立刻找出论据来，并说服对方同意你的解释。例如，对方说高级摩托车的修理也很贵时，你就可以更详细地介绍它的耗油低、配件耐用、寿命长、无故障时间长等优点，以使他同意你关于"仔细比较，还是买高级的合算"的结论。

第八步，假如客户提出的问题很棘手的话，你就要以可能的语气回答，然后再指出一些其他对客户有利的优点，可以采取避而言他的策略。

要成为生意场上征服人心的高手，除了要有技巧之外，更重要的是要有一定的基本素质。这里，根据许多商务行业的多年经验，归纳出以下19种素质：

（1）知识。俗话说："知识就是金钱，知识就是力量。"

（2）热情。如果对自己的产品和工作没有足够的热情，怎么能够赢得客户的信赖？

（3）效用。在说服客户购买你的产品之前，你应思忖，你能向他们提供哪些服务？能否提供新构想、提案或特别服务？你想的越详细，客户购买的可能性越大。

（4）想象力。想象力配合技巧性的语言，可使你栩栩如生地向客户描述产品的价值以及有利于客户的利益。富有建设性的想象力，经常能消除客户的抗拒心理，使他能接受你的产品。

（5）建设力。要使语言和行动富有建设性的能力，使客户由衷地尊敬你，进而信任你。

（6）创造性。创造性的能力是征服客户时不可或缺的能力。谁能创造出需要来，谁就先享有销售的机会。

（7）易于亲近。能使客户产生亲密感的是你的豪爽的态度和行动。这对于征服客户而言，也有很大帮助，要在工作中表现出友情。

（8）礼貌。不要忘了，从你与客户接触开始，你的一举一动都是客户关注的对象。

（9）善于处理矛盾。若能够巧妙地运用语言和肢体动作，则不需要以争吵的方式，就能解决客户的不满。

（10）诚意。心中有诚意，自然就会有坦率的态度和语气，从而容易使客户了解你谈话中的真实性。

（11）信心。只有对自己的产品和公司怀有无比的信心，客户才能够对你所说的话有信心。

（12）耐心。为了让客户克服抗拒心理，你必须要有足够的耐心。

（13）说服。不管是哪一方面的说服都是促进销售、征服客户过程的重要环节。

（14）进取心。拥有进取心，往往能比消极的竞争对手领先一步获得成功。

（15）勇气。作为一个销售人员，与其反对客户，不如支持客户。此时的勇气就应表现在支持自己的理想和构想上，成为追求事业目标的动力。

（16）适应力。一个优秀的销售人员，无论处于何种状况下，都要能够随机应变，即刻适应新环境。

（17）思维周密。无论是在同客户的应酬交际中，还是在正式的业务谈判中，都应从细处着想。只有设想周全，才能抓住每一个销售契机。

（18）判断力。判断力是通过经验的积累而逐渐形成的能力。它能够决定你适当的谈话、议论，甚至能够告知你何时撤退让价。

（19）勤勉。想要征服客户，就必须开足马力、全力以赴，要让客户看到你的辛勤与努力。

只要具备了该有的素质、掌握了说话的技巧，就一定能使你征服客户的工作如鱼得水。

配合产品演示的劝诱

美国销售人员贺伊拉说："如果你想勾起对方吃牛排的欲望，将牛排放在他面前，固然有效。但最令人无法抗拒的是，煎牛排的'吱吱'声，他会想到牛排正躺在黑色的铁板上，'吱吱'作响，浑身冒油，香味四溢，不由得令人咽下口水。""吱吱"的响声使人们产生了联想，刺激了欲望。

为了使客户产生购买的欲望，光让客户看产品或进行演示还是不够的，销售人员必须同时加以适当的劝诱，使客户在脑海里呈现出一幅美景。

有一位销售室内空调机的销售人员，他从不滔滔不绝地向客户介绍空调机的优点如何，因为他明白，人并非完全因为东西好才想得到它，而是由于先有想要的需要，才会感到东西好。如果不想要的话，东西再好，他也不会买。因此，他在说明他的产品时并不是说"这般闷热的天气，如果没有冷气，实在令人难受"之类的刻板话，而是把有希望要买的客户假设成刚从炎热的阳光下回到一间没有空调机的屋子里。因此，他常常这样说道："您在炎热的阳光下挥汗如雨地工作后回家。当您一打开房门，迎接您的是一间更加闷热的'蒸笼'。您刚刚抹掉脸上的汗水，可是马上额头又渗出了新的汗水。您打开窗子，但一点风也没有。您打开风扇，却是热风扑面，使您本来疲劳的身体更加烦闷。可是，您想过没有，假如您一进房门，迎面吹来的是阵阵凉风，那是一种多么惬意的享受啊！"

凡是成功的销售人员都明白，在进行关于产品说明的时候，不能仅以产品的各种物理性能为限，因为这样做，还难以使客户动心。要使客户产生购买的念头，还必须在此基础上勾画出一幅梦幻般的图景，给产品增加吸引人的魅力。

从事销售的人常常会遇到这种情况：尽管自己说得天花乱坠，演示得淋漓尽致，引起了客户的注意和兴趣，但冷不防被对方的几句话给"鸣金收兵"。这些出自客户之口而使销售人员进退维谷的话语有："让我们考虑考虑""让我们研究研究""你们公司不是有电话吗？等我们决定了，就马上打电话给你"等，莫不是推托拒绝之借口。销售人员如稍不注意或意志薄弱，将前功尽弃。因此，使客户"下定决心，付诸行动"，就成了销售过程中极重要的一步。

客户的心理令人难以捉摸。不论什么人，在心理上面临一个决定时都会犹豫不决，更何况是决定是否掏出自己钱包的时候！

谁能帮助客户下定决心付诸行动呢？是销售人员。须知，促成交易不仅是销售人员的任务，而且也是对客户的一种社会责任。大量的事实证明，每逢这种关头，能否成交，在相当大的程度上取决于销售人员如何进行诱导。因此，必须抓住这关键的一刹那。

但是，怎样把握这个时机呢？一般来说，这关键的一刹那都有一个客观的指标：购买意向信号。它通过客户的言谈举止表现出来。如果销售人员一旦发现了这个信号就马上开始诱导，肯定能成功。

经验表明，当客户问出下面几种话的时候，就是放出了购买意向信号，也是销售人员达成交易的关键时刻。

（1）当客户问起使用方法和售后服务的时候；

（2）当客户问到"报纸上的广告，就是这种东西吗"的时候；

（3）当客户把销售人员已经说过的重点再重复一次的时候；

（4）当客户问到送货的时间、手续的时候；

（5）当客户问到支付方式的时候。

以上这些问话，都是客户有意无意表示出来的成交信号，作为销售人员，不可放过这个机会。

有一个生产自动门的厂家销售人员王先生与一间具有相当规模的商店

经理刘某谈销售自动门的事。王已向刘作了全面的介绍。

王：这个怎么样，如果贵店改用自动门，我想一定会比较方便。

刘：是这样的，我想再听您说一遍，以前您跟我说的。

王：好的。第一，装上了这种自动门后，客户进店来购物时，进出非常方便，尤其是当他们买完东西要出去时，也不必一手拎着东西，一手来开门，省去不少的体力；第二，在心理上对自己开门才能进来的商店，客户或多或少有一种排斥性；第三，……

刘：哦，我知道了，可是我们这种小店，也需要装个自动门吗？

王：您真会开玩笑。贵店地点好、产品好，闻名遐迩。就我们方才谈话的这会，不就有好多客户进来买东西吗？

刘：可是，别处也有卖的啊！

王：是的。不过我们公司是六大生产自动门公司之一。

刘：嗯，客户对你们评价如何？

王：到目前为止，客户反映都相当满意。

刘：既然大家的反映都那么好，我也装一个吧！

购买意向的信号一旦出现，销售人员就要抓住这关键的一刹那，利用锐利的眼光、聪敏的头脑，用恰到好处的语言，来顺利促成交易。

让数字说话更专业

拿破仑有一次检阅军队，按照惯例，指挥官跑到拿破仑跟前，以非常清晰的口齿报告："报告将军。本部已全部集合完毕。本部官兵应到3 444

人，实到3 438人。请将军检阅。"

拿破仑非常满意地点点头，说："很好。"然后又回头对他的参谋说："记住这个指挥官的名字，数字记得这么准确的人应该受到重用。你们以后也得向他学习，给我汇报时尽量用精确的数字说话。不要用'大概''可能''也许''差不多'这样的话。"

这位博得拿破仑好感的指挥官，干脆利落地说出了部队官兵应到实到的人数，显得非常专业和细致。用数字说话，既显得专业，又能给人以最基本的信任感。

销售人员：您好，请问，王经理在吗？

王经理：我就是，您是哪位？

销售人员：我是××公司打印机客户服务部××，我这里有您的资料记录，你们公司去年购买过我们公司打印机，对吗？

王经理：哦，对呀！

销售人员：保修期已经过去了7个月，不知道现在打印机使用的情况如何？

王经理：好像你们来维修过一次，后来就没有问题了。

销售人员：太好了。我给您打电话的目的是，这个型号的机器已经不再生产了，以后的配件也比较昂贵，提醒您在使用时要尽量按照操作规程，您在使用时阅读过使用手册吗？

王经理：没有呀，不会这样复杂吧？还要阅读使用手册？

销售人员：其实，还是有必要的，实在不阅读也是可以的，但寿命就会降低。

王经理：我们也没有指望用一辈子，不过，最近业务还是比较多，如果坏了怎么办呢？

销售人员：没有关系，我们还是会上门维修的，会收取一定的费用，但比购买一台全新的还是便宜的。

王经理：对了，现在再买一台全新的打印机什么价格？

销售人员：要看您想要什么型号的，您现在使用的型号是3800，后续的升级产品是5800，不过还要看一个月大约打印多少张正常的A4纸。

王经理：最近的量开始大起来了，有的时候超过10 000张了。

销售人员：要是这样，我还真要建议您考虑5800了，5800的建议使用量是一个月A4正常纸张15 000张，而3800的建议月纸张是10 000张，如果超过了会严重影响打印机的寿命。

王经理：您能否给我留一个电话号码，年底我可能考虑再买一台，也许就是后续产品。

销售人员：我的电话号码是8520×××转123。我查看一下，对了，您是老客户，年底还有一些特殊优惠，不知道您何时可以确定要购买，也许我可以将一些好的优惠条件给您保留一下。

王经理：什么优惠？

销售人员：5800型号的，渠道销售价格是10 100，如果作为3800的使用者，购买的话，可以按照8折来处理，或者赠送一些您需要的外设，主要看您的具体需要。这样吧，您考虑一下，然后再联系我。

王经理：等一下，这样我要计算一下，我在另外一个地方的办公室添加一台打印机会方便营销部的人，这样吧，基本上就确定了，是您送货还是我们来取？

销售人员：都可以，如果您不方便，还是我们送过去吧，以前也去过，很容易找到的。您看送到哪里，什么时间好？

……

后面的对话就是具体地落实交货的地点、时间等事宜了，这位销售人员只是打了一个电话，用了大约30分钟就完成了一台打印机的销售。在这段对话中，销售人员在介绍打印机时，没有离开过数字，以非常专业的角度为客户介绍新的打印机，并提示公司的优惠政策，成功是非常自然的事。

美国口才大王卡耐基的一次经历，也可以作为典范。他是这样请求一家旅馆经理打消增加租金的念头的：

卡耐基每季度均要花费1 000美元，在纽约的某家大旅馆租用大礼堂20个晚上，用于讲授社交训练课程。

有一季度，卡耐基刚开始授课时，忽然接到通知，要他付比原来多3倍的租金。在知道这个消息以前，入场券已经印好，而且早已发出去了，其他准备开课的事宜都已办妥。怎样才能交涉成功呢？经过仔细考虑，两天以后，卡耐基去找经理。

卡耐基对经理说："我接到你们的通知时，有点震惊。不过这不怪你。假如我处在你的位置，或许也会写出同样的通知。你是这家旅馆的经理，你的责任是让旅馆尽可能地多盈利。你不这么做的话，你的经理职位就难保住。假如你坚持要增加租金，那么让我们来合计一下，这样对你有利还是不利。"

"先讲有利的一面。"卡耐基说，"大礼堂不出租给讲课的而是出租给办舞会、晚会的，那你可以获大利了。因为举行这类活动的时间不长，每天一次，每次可以付200美元，20晚就是4 000美元，租给我，显然你吃大亏了。"

"现在，来考虑一下不利的一面。首先，你增加我的租金，也是降低了收入。因为实际上等于你把我撵跑了。由于我付不起你所要的租金，我势必再找别的地方举办训练班。还有一件对你不利的事实。这个训练班将吸引成千的有文化、受过教育的中上层管理人员到你的旅馆来听课，对你来说，这难道不是起了不花钱的广告作用了吗？事实上，假如你花5 000美元在报纸上登广告，你也不可能邀请到这么多人亲自到你的旅馆来参观，可我的训练班帮助你邀请他们来了。这难道不合算吗？请仔细考虑后再答复我。"讲完后，卡耐基告辞了。

当然，最后经理让了步。

卡耐基之所以获得了成功，是因为他站在经理的角度上想问题，把增加租金与保持租金的好处用数字一个个清楚地表达了出来。

第三会说赞美话

赞美话说得好，生意跑不了

说话难听，客户吓跑；

说话动听，客户欢笑。

怎样让顾客一听"销售"二字

不再色变，主动掏钱购买？

秘诀就是：多说好听话，直到顾客心动！

美国心理学家威廉·詹姆士指出："渴望被人赏识是人最基本的天性。"回忆自己的成长经历，谁没有热切地渴望过他人的赞美？既然渴望赞美是人的一种天性，那你在销售过程中就应好好掌握这一智慧。可以说，赞美是一种最有效的销售方法，能有效地缩短与客户之间的人际心理距离。将赞美归结为以下四大宗旨：要想夸奖得好，你必须慎言、明确、具体和真诚。

人类行为学家约翰·杜威说："人类本质里最深远的驱策力，就是希望具有重要性，希望被赞美。"

在销售人员话术中，赞美的作用举足轻重，在与客户进行面对面的交流当中，一句小小的赞美往往会带来意想不到的效果。

通过观察可以发现，那些可以获得别人好感而且杰出的人，都是毫不迟疑去赞美别人的人。但绝大部分人都吝于赞美别人，纵使他们非常清楚对方的成就；结果这些人也同样地难以获得别人的赞美。反观那些杰出的人，因为他们总是慷慨大方、毫不迟疑地赞美别人，所以他们也同样赢得别人慷慨而大方的赞美。在现代社会的人际交往中，赞美他人已成为一门艺术和学问，能否掌握和运用这门学问，使之符合时代的要求，这是衡量现代人的素质的一个标准，也是衡量一个人交际水平高低的标志之一。

因此，为了使得人们的交往变得和谐而温馨，也为了给你的成功销售创造条件，对于他人的成绩与进步，一定要给予肯定、赞美和鼓励。当别人有值得褒奖之处，你应毫不犹豫地给予诚挚的赞美。何必吝啬自己的赞美之辞呢？在绝大多数情况下，赞美只会让你得到更多，而不是失去。

赞美是接近客户的有效方法

下面是一个通过赞美话来接近客户的范例。

销售人员刘方以稳健自信的步伐走向王经理，并微微点头行礼致意，说："王经理，您好，我是大华公司的销售人员刘方，请多多指教。"

王经理："请坐。"

刘方："谢谢。非常感谢王经理在百忙中抽出时间与我会面，我一定要把握住这么好的机会。"（刘方非常诚恳地感谢王经理的接见，表示要把握住这个难得的机会，让王经理感受到自己是个重要人物）

王经理："不用客气，我也很高兴见到你。"

刘方："贵公司在王经理的领导下，业务领先业界，真是令人钦佩。我浏览过贵公司的网站，知道王经理非常重视网络销售，现在很多客户都从网上购买产品了。使用这种方式销售您在业内是榜样啊！"（刘方将事前调查到的资料中有关网络销售这点特别在寒暄中提出来，以便有一个好的开始）

王经理："我们销售的产品是网络办公设备，我们的客户以高科技公司为主。随着网络的普及，这些客户都开始从网上来寻找自己需要的产品，我们做自己的网站的目的是满足客户在网络上查询产品、了解产品，提高我们的销售效率。"

刘方："王经理，您的理念确实反映出贵公司的经营特性，很有远见。我相信贵公司在销售方面已经做得非常成功了。我向您推荐一个网站推广的方案，这个方案可以使客户更容易发现您的产品和服务，这样不仅能提高销售额，而且也能有很好的广告效应，使您公司和您的产品具备更大知名度。"（刘方先赞美对方，然后表达出拜访的理由）

王经理："网站推广方案？"

刘方："是的。王经理在销售方面的经验和成绩深得业内人士尊重，在我来之前，已经听到过不少关于您辉煌的销售业绩和卓越的管理能力的赞美话语。其实网站的目的不仅仅是为了让客户从网上查看产品功能和了解公司，更重要的是能让客户有产品需要时随时随地地找到您的公司，继而登录到您的网站去查看他所需要的信息。如果没有适当的网站推广，客户怎样才能发现您可以提供给他所需要的产品呢？"（刘方采用了先赞美后提问的方法）

王经理沉吟片刻，然后说："说说你的看法吧！"

就这样，刘方利用赞美接近法打开了销售对象的心理防线，并令客户产生好感，让客户能够认真聆听他的讲解，为接下来的销售打好基础。

每个人都有虚荣心，而满足人虚荣心的最好方法就是让对方产生优越感。但是并不是每个人都能功成名就；相反，大部分的人都过着平凡的日子。每个人平常都承受着不同的压力，处处听命于人。虽说常态如此，但是绝大多数的人都想尝试一下优越于别人的滋味，因此，这些人会比较喜欢那些能满足自己优越感的人。

而让人产生优越感最有效的方法就是对于他自傲的事情加以赞美。若客户的优越感被满足了，初次见面的警戒心也自然消失了，彼此距离也拉近了，双方的关系也会向前迈进了一大步。

所谓赞美接近法，也叫夸奖接近法或恭维接近法，是指销售人员利用客户的自尊和虚荣心理来引起对方注意和兴趣，进而转入面谈的接近方法。在实际生活中，每个人都希望被人所知，被人承认，被人提起，被人赞美。对于大多数客户而言，这种方法是比较容易接受的。

那么，在使用赞美接近法的时候，应注意的使用要点有哪些呢？

首先，选择适当的赞美目标。

销售人员必须选择适当的目标加以赞美。若客户讲究穿着，你可向他请教如何搭配衣服；若客户是知名公司的员工，你可表示羡慕他能在这么好的公司上班。

就个体客户来说，个人的长相、衣着、举止谈吐、风度气质、才华成就、家庭环境、亲戚朋友等，都可以给予赞美。就团体客户来说，除了上述赞美目标之外，公司名称、规模、产品质量、服务态度、经营业绩等，也可以作为赞美对象。不论是赞美个人还是赞美集体，不论是赞美人物还是赞美事物，都应该选择最佳赞美目标。如果销售人员胡吹乱捧，则必将弄巧成拙。销售人员尤其应该注意分析销售环境，认真进行接近准备，切不可弄错赞美目标。

其次，选择适当的赞美方式。

事实上，不合实际的、虚情假意的赞美，只会使客户感到难堪，甚至会产生反作用，导致客户对销售人员产生不好的印象。因此，销售人员赞美客户，一定要诚心诚意，一定要把握好分寸。

对于年老的客户，应该多用间接、委婉的赞美语言；对于年轻的客户，则可以用比较直接、热情的赞美语言。对于不同类型的客户，赞美的方式也应不同。例如，面对严肃型的客户，赞语应自然朴实，点到为止；对于虚荣型客户，则可以尽量发挥赞美的作用。

最后，要注意并不是所有的客户都乐于接受销售人员的赞美。

就算是同一个客户，在不同的销售环境里，在不同的心境下，对相同的赞美方式也会有完全不同的反应。事实上，有些客户喜欢表现自己，尤其是在别人面前加以炫耀，这类客户希望得到销售人员的赞美，而得到了不适当的赞美便有一种被人看不起的感觉，销售人员冷落这类客户便等于冷落自己。也有些客户不愿意与销售人员作过多地交谈，更不愿意销售人员评头品足、说三道四，尤其不喜欢销售人员触及自己的个人或家庭私事，认为销售人员的所谓赞美只不过是一种愚弄客户的手段而已，因而，对销售人员的赞美不以为然，甚至十分反感。

赞美接近法的基本原理符合马斯洛的需求原理。人们希望所取得的荣誉和成就受到他人的承认与尊重。人们的穿着打扮，也希望得到别人的赞美与好感。既然人们具有被承认和被赞美的需要，销售人员便可以利用这一动机，承认客户，赞美客户，接近客户。在实际销售工作中，销售人员会遇到各种类型的客户，也有一些似乎不尽情理的客户，但只要销售人员不抱成见，不先入为主，总会找到一些可以赞美的地方。

真诚的赞美没有人会拒绝

有这样一位教师，呕心沥血写了一本书，但是出版之后，出版社让他销售1 000册。对于他这样一个没有一点销售经验的教师来说，销售这1 000册书远比讲课要难得多。

为了把书销售出去，他在学生中进行了一次演讲，他说："作为老师，我站在讲台上没有讲课而试图销售自己写的书时，心里总不免有些尴尬。不过，如今这个时代，作者也很难，写了书，还得卖书。出版社一下压给我1 000册，稿费一文没有，所以我不销售不行。这本书写得怎样，我自己不好评说。不过有两点可以保证：第一，这本书是我用3年时间完成的，是我心血的结晶；第二，书的内容绝不是东拼西凑抄下来的，是我自己长期思考的见解。前不久，这本书被思想政治工作研究会评为社科类图书二等奖，这是获奖证书。说实话，对于我们这些教师来说，搞销售比写书还觉得难，只能硬着头皮来找大家帮忙。不过，买不买完全自愿，绝不强迫。如果觉得这本书对你有用，你又有财力就买一本，算是帮我一个忙。谢谢。我向大家销售这本书，不仅仅是因为要完成我的任务，更不是因为这是我写的书，而是我相信大家能够用自己的慧眼来识别这本书。如果是垃圾书，我绝对不会推荐给大家。我相信自己的能力，我更相信大家的眼光。"

这位教师不是专职销售人员，但是他却获得了成功。他的这次演讲立即产生了效果，一次就卖掉了300多册。

从某种意义上说，他的成功就在于他恰到好处地表达了自己的真诚，赢得了学生的信赖，又不失时机地加以赞美，其言外之意是：买了这本书的人，都是有眼光的人。这次销售的成功也说明，在讲话中学会表达真诚要比单纯追求流畅和精彩更重要。

对于以与人打交道为职业的销售人员来说，赞美是友谊的源泉，是一种理想的"黏合剂"，它不但会把老相识、老朋友团结得更加紧密，而且可以把互不相识的人连在一起。

在历史上，戴维和法拉第的合作是一个典范。虽然有一段时间，法拉第的突出成就引起戴维的嫉妒，但两人的友谊仍被世人所称道。

这份情缘的建立少不了法拉第对戴维的真诚赞美这个原因。

法拉第没有和戴维相识前，就给戴维写信："戴维先生，您的演讲真棒，我简直听得入迷了，我热爱化学，我想拜您为师……"

收到信后，戴维便约见了法拉第。

后来，法拉第成了近代电磁学的奠基人，名满欧洲，他也总是念念不忘戴维，说："是他把我领进科学殿堂大门的！"

这样的友谊谁不羡慕呢？这份友谊恰恰就是用真诚的赞美来搭建桥梁的。

作为一个销售人员，最重要的就是要做到被人接受，被越少的人拒绝就意味着越成功。那么，怎样才能做到被客户接受呢？在销售人员话术中，赞美是行之有效的方法，但是盲目赞美也是不能被客户接受的，甚至会引起客户反感也说不定。因此，赞美必须发自内心，即赞美必须注入真诚，说话的魅力并不在于你说得多么流畅、滔滔不绝，而在于是否善于表达真诚！

用真挚诚恳的语言去打动客户，是一种在销售行业中被广泛使用的语言表达方式。这里的真诚不仅仅是只包括真实的意思，更重要的还在于要有真情。

真实、诚恳和真情是赞美客户时尤须注意的要素。以真实为铺垫、为基础，以诚恳打动人，以真情感人，才能达到在赞美的同时说服对方的目的。鲁迅说得很深刻："只有真的声音，才能感动中国人和世界人；必须有真的声音，才能与世界人同在世界上生活。"

有一个5岁大的女孩，在教堂表演中首次登台演唱。她有着优美的歌声，她的才能从小就表现出来了。当她长大时，她的家人了解到她需要专业声乐训练，就请了一个很有名的声乐老师来训练她。这位老师造诣很高，很少有人比得上他。他是一个十分苛求完美的老师。不论何时，只要这女孩一想到放弃或节奏稍微不对，他都会很细心地指正。经过一段时间以后，她对老师的崇拜日益加深。即便双方年龄相差很大，他的严格远胜于鼓励，但是她最后还是嫁给了他。他在婚后继续教她，但是她的朋友发现她那优美自然的声调已有了变化，变成硬邦邦的声调，不再是以前那种清爽而悠扬的声调了。渐渐地，邀请她去演唱的机会越来越少。最后，他们几乎不邀请她了。

这时，她的先生，也就是她的老师死了。以后几年，她很少演唱甚至不演唱。她的才能很少用到，直到又有一位销售人员追求她为止。有时候，当她正在哼着小调或乐曲旋律时，他会惊叹歌声的美妙："再唱一首，亲爱的，你有全世界最美的歌喉。"

他总是这样说。事实上，他可能不知道她唱得是好是坏，但是他确实非常喜欢她的歌声，所以他一直对她大加赞美，她的自信心开始恢复了，她又开始前往世界各地演唱。后来，她嫁给了这位"发现者"，又重新开始了成功的歌唱生涯。

那位销售人员对她的赞美出于诚挚、真心，真心赞美事实上是最有效的驱动。赞美是一种艺术，它的魅力相信任何人都无法抵挡。

人是有情感的高级动物。情感是人心理过程的重要组成部分，它是人对他人和外物是否符合自己的需要所产生的内心体验。这种内心体验具有情境性和直接性。情感的产生则需要外界的刺激，据研究发现，饱含真情实感的言语是唤起情感的一种最具神力的"武器"。运用真情的言语策略，可以顺利促使双方产生情感共鸣，使关系融洽，形成良好的交际氛围；可以较快地促使双方强化相应的感性认识，形成并巩固某种态度倾向和观念信仰；可以有力地推动人们将某种行为动机付诸实施，并作出积极的反应，这就为赞美的有利作用提供了科学的依据。俄国文豪托尔斯泰说："真诚的赞美不但对人的感情，而且对人的理智也起着巨大的作用。"

赞美要建立在真实的基础之上

杰克刚刚进入销售行业不久，还是一个处于学习阶段的学生。

一天，一位销售行业的前辈带他去进行上门销售，希望他能够在实际工作中尽快地学到一些经验。

杰克十分崇拜这位前辈，对前辈的一言一行也都仔细观察，用心记忆。一天，他发现前辈一见到约见的客户，就笑容满面地说："我听说您最近又做了不少善事，真是心地善良的人啊，那些穷苦的人能够遇见您，真是他们的一种幸运。"

本来是一脸严肃的客户听见这句话，立即喜笑颜开地说："哪里哪里，这是应该的。"

于是洽谈的气氛变得融洽许多，遭到拒绝了几次的生意后来也谈成了。杰克仔细分析，认为是前辈的那句赞美的话起到了关键的作用，于是勤奋好学的他将这句话记到了本子上。

前辈终于同意让杰克独立去完成任务了。他的第一个客户是一个玩具商，在见到这位客户之前，杰克做了大量的准备，包括如何将寒暄引入正题、如何说服客户。在自认为准备得十分充分之后，他敲响了玩具商的门。

杰克见到玩具商一脸严肃，决定先缓和一下气氛，于是他故作兴奋地说："我听说您最近又做了不少善事，真是心地善良的人啊，那些穷苦的人能够遇见您，真是他们的一种幸运。"

玩具商听了这些赞美话后目瞪口呆，心想："我最近根本没做任何善事，这位销售人员肯定是记错人了，我不能允许一个不重视我的人在我的办公室里。"于是玩具商说："先生，恐怕你是认错人了，我很忙，请回吧！"

就这样，杰克还没有开口谈正事，就被拒绝了。

这说明了一个道理：赞美一定要建立在真实的基础之上，尽管人人都希望被赞美，但当赞美一些不符合现实的东西的时候，被赞美的人往往会产生"他说的是我吗？"的想法，同时，也会得出"这是一个虚伪的人，他所说的话不值得信任，他的商品更不值得信任"的结论。一旦客户得出这样的结论，那么你再如何能言善道，也将是徒劳的。

用赞美架通桥梁，让客户产生优越感。赞美别人是一种美德，但最好不要说违心话。当你认为这样赞美最恰当时，那就赞美他几句，这就是所谓的最佳的赞美时机。只要你的赞美有根据、发自内心，对方的自尊心被你所承认，那他一定会非常高兴。

有些销售人员可能会在夸奖内容方面有些困难，会有"我到底该赞美他哪一个方面呢？"等这类问题。

经过分类，进行有效夸奖的手法有3种。

1. 夸奖对方所做的事

例如："您发表了很多销售管理方面的文章，我都拜读过，真是我们销售人员的'圣经'。"

2. 夸奖后紧接着询问

例如："您真是又漂亮又时尚，您看这台笔记本又轻又薄，非常适合您的形象和气质。"

3. 代表"第三者"表达夸奖之意

例如："我们总经理要我感谢您对我们公司多年来的照顾。"

杰克公司承包了一项建筑工程，预定于一个特定日期之前，在费城建成一幢庞大的办公大厦。一切都照原定计划进行得很顺利。大厦接近完成阶段，突然，负责供应大厦内部装饰用铜器的承包商宣称，他无法如期交货。如果真是这样的话，整幢大厦都不能如期交工，公司将承受巨额罚金。

长途电话、争执、不愉快的会谈，全都没效果。于是杰克先生奉命前往纽约，当面说服铜器承包商。

"您知道吗？在布鲁克林区，有您这个姓名的，只有您一个人。"杰克先生走进那家公司董事长的办公室之后，立刻就这么说。

董事长有点吃惊，说："不，我并不知道。"

杰克先生说："今天早上，我下了火车之后，就查阅电话簿找您的地址，在布鲁克林的电话簿上，有您这个姓的，只有您一人。"

"我一直不知道。"董事长说。他很有兴趣地查阅电话簿。"嗯，这是一个很不平常的姓，"他骄傲地说，"我这个家族从荷兰移居纽约，几乎有两百年了。"一连十几分钟，他继续说他的家族和祖先。当他说完之后，杰克先生就恭维他拥有一家很大的工厂，杰克先生说他以前也拜访过许多同一性质的工厂，但跟他这家工厂比起来就差得太多了。"我从未见过这么干净整洁的铜器工厂。"杰克先生如此说。

"我花了一生的心血建立这个事业，"董事长说，"我对它感到十分骄傲。您愿不愿意到工厂各处去参观一下？"

在参观过程中，杰克先生恭维他的组织制度健全，并告诉他为什么他的工厂看起来比其他的竞争者高级，以及好处在什么地方。杰克先生还对一些不寻常的机器表示赞赏，这位董事长说是他发明的。他花了不少时间，向杰克先生说明那些机器如何操作，以及它们的工作效率多么高。他坚持请杰克先生吃午饭。到这时为止，你一定注意到，杰克先生一句话也没有提到此次访问的真正目的。

吃完午饭后，董事长说："现在，我们谈谈正事吧。自然，我知道您这次来的目的。我没有想到我们的相会竟是如此愉快。您可以带着我的保证回到费城去，我保证你们所有的材料都将如期运到，即使其他的生意都会因此延误也不在乎。"

杰克先生甚至未开口要求，就得到了他想要的所有的东西。那些器材及时赶到，大厦就在契约期限届满的那一天完工了。

建立在真实基础之上的赞美才能够被人信服和接受。真实与否是区分真心赞美和阿谀奉承的关键，要想使你的赞美达到好的效果，不流于庸俗，就要谨记：真实的，才是人们喜欢的。

微笑在赞美中的作用

销售人员的面部表情比穿着更重要。笑容像穿过乌云的太阳，能照亮所有看到它的人，带给人们温暖。用你的微笑去欢迎每一个人，那么你就会成为最受欢迎的人。

在一个适当的时候、恰当的场合，一个简单的微笑可以创造奇迹，一个简单的微笑可以使陷入僵局的事情豁然开朗。

底特律的哥堡大厅举行了一次巨大的汽艇展销会，人们蜂拥而来参观，在会上人们可以选购各种船只，从小帆船到豪华的巡洋舰都可以买到。

一位来自中东某产油国的富翁，站在一艘展览的大船面前，对他面前的销售人员说："我想买艘价值2 000万美元的汽船。"这对销售人员来说是求之不得的好事。可是，那位销售人员只是直愣愣地看着这位客户，以为他是爱说大话的疯子，没有理睬，他认为这位客户是在浪费他的宝贵时间，所以，脸上冷冰冰的，没有笑容。

富翁看看这位销售人员，又看着他那没有笑容的脸，然后走开了。

他继续参观，到了下一艘陈列的船前，这次他受到了一位年轻销售人员的热情招待。这位销售人员脸上带着欢迎的微笑，那微笑就跟太阳一样灿烂。富翁有种宾至如归的感觉，所以，他又一次说："我想买艘价值2 000万美元的汽船。"

"没问题！"这位销售人员说，他的脸上微笑着，"我会为你介绍我们的汽船系列。"他只这样简单地说着，便销售了产品。

所以，这位富翁留了下来，签了一张500万美元的支票作为定金，并且他又对这位销售人员说："我喜欢人们表现出一种他们非常喜欢我的样子，你用微笑向我表现。在这次展览会上，你是唯一让我感到我是受欢迎的人。明天我会带一张1 500万美元的保付支票回来。"

这位富翁很讲信用，第二天他果真带了一张保付支票回来，购下了价值2 000万美元的汽船。

前面说过赞美别人必须出自真诚。同样地，微笑也必须发自内心，用你发自内心的微笑面对客户。

　　作为销售人员，善于赞美客户和随时保持微笑都属于销售的基本功。在赞美之前学会微笑，会使你的赞美更加动人，也更加的真诚。微笑是拉近销售人员与客户之间的距离、使人倍感亲切的催化剂，而赞美则是进一步达到良好沟通的黏合剂。微笑的重要性由此可见，销售人员如果仅仅是学习表面的话术，不配合以适当的微笑，只能使销售话术沦为纸上谈兵。因此，在赞美之前学会微笑，对销售人员来说是尤为重要的。

　　初次见面的人，微微一笑，可解除紧张，给人以亲切自然的感觉。

　　一个纽约大百货公司的人事经理说，他宁愿雇佣一个有可爱笑容而没有念完中学的女孩，也不愿雇佣一个板着冷冰冰面孔的哲学博士。

　　这听起来似乎有些夸张，但由此可以看出微笑在征服客户过程中的价值了。

　　行动比语言更有力。微笑表示的是："你好""我喜欢你""你使我感到愉快"……

　　弗兰克林·贝特格是全美国最著名的保险销售人士之一。他说许多年前他就发现了面带微笑的人永远受欢迎。所以，他在进入别人的屋子之前，总是停留片刻，想想令他高兴的事情，于是，他脸上便展现出开朗的、由衷而热情的微笑，此时才推门进去。

　　贝特格深知：他销售保险的成功和自己面带微笑有很大的关系。

　　当你面带微笑去办事，回头看看效果，你自己必然会大吃一惊。

　　微笑永远不会使人失望，它只会使人们欢迎面带微笑的人。

　　有这样一个例子：

　　威廉·史坦哈是纽约证券股票公司的一员，他说他年轻的时候是个讨人嫌的家伙，他脸上总是没有任何表情，很不受人们的欢迎。

后来他决定，必须改变自己的态度，他决心要在脸上展现开朗的、快乐的微笑。于是，在第二天早上梳头时，他对着镜子中满面愁容的自己下令说："你得微笑，把脸上的愁容一扫而光；现在立刻开始微笑。"于是，史坦哈转过身来，跟他的太太打招呼："早安，亲爱的。"同时对她微笑，她怔住了，惊诧不已。史坦哈说："从此以后你不用惊愕，我的微笑将成为寻常的事。"

过了两个月，史坦哈每天早上都对妻子微笑。结果怎么样呢？微笑改变了他的生活，两个月中他在家所得到的幸福比以往1年还要多。

现在，史坦哈对大楼的电梯司机微笑，对大楼门廊里的警卫微笑，对地铁的售票小姐微笑。在交易所时，他对那些从未见过他的人微笑。于是，他发现每一个人都对他报以微笑。

史坦哈带着一种轻松愉悦的心情去和一些满腹牢骚的人交谈，一面微笑，一面恭听。于是，过去很讨人厌的家伙，后来变成了一个受欢迎的人；过去很棘手的问题，后来也变得容易解决了。

毫无疑问，微笑给史坦哈带来了许多的方便和更多的收入。现在，他发现以前和别人相处很难，但现在完全相反，他学会赞美、赏识别人，努力使自己用别人的观点看事物。从此，他快乐、富有，拥有友谊与幸福。

在生活中，不会微笑的人将处处感到艰难，这就是史坦哈的体会。

你应该牢牢记住"和气生财"，意思是没有微笑面孔的人不能做生意。

不真诚或是令人感觉特意修饰的微笑，是无用且虚伪的。如果你想微笑就大大方方地笑吧！甚至张开大嘴、露出牙齿的微笑都能讨人欢心。

有些人会说自己原本就很内向，从来没有这样开怀地笑过，所以现在要面露微笑恐怕也很困难。不必担心，要养成微笑的习惯，只需慢慢练习，时常表现自己的情感就可以了。你练习的机会越多，越会感到心里充满自由和轻松；而每天都感觉自由、轻松的人，就算他以前是整日愁眉不展的人，现在也会面露微笑。

面带微笑的赞美会使你得到更多的感激，同样，也可以为你带来很多意想不到的收获。

对你的客户感兴趣就是一种赞美

由于对别人的事情感兴趣，一个似乎一点都不重要的人，却帮了新泽西强森公司的业务代表爱德华·西凯的忙，使得他重新获得了一位代理商。

"许多年前，"他回忆说，"在马萨诸塞地区，我为强森公司拜访了一位客户。这个经销商是音姆一家杂货店的房主。每次到店里去，我总是先和卖冷饮的店员谈几分钟的话，然后再跟店主谈订单的事。有一天，我正要跟这位店主谈，但他要我别烦他，他不想再买强森的产品了。因为店主觉得强森公司都把活动集中在食品和折扣产品上，而对他们这种小杂货店造成了伤害。我红着脸跑了，然后到城里逛了几小时。后来，我决定再回去，至少要跟店主解释一下我们的立场。

在我回去时，我跟平常一样跟卖冷饮的店员打了招呼。当我走向店主时，他向我笑了笑并欢迎我回去。之后，店主又给了我比平常多两倍的订单，我很惊讶地望着他，问他我走的几小时中发生了什么事。

店主指着在冷饮机旁边的那个年轻人说，我走了之后，这个年轻人说，'很少有销售人员像他这样，到店里来还会费事地跟店员打招呼。'年轻人还跟店主说，假如有人值得与他做生意的话，那就是我了。店主觉得也对，于是就继续做我的主顾。我永远都不会忘记，真心地对别人产生点兴趣，会是销售人员最重要的品格，对任何人都是一样，至少从这件事来说是如此。"

一个人要是对别人真诚地感兴趣的话，哪怕你一句极平常的话也可以让极忙碌的人注意甚至合作。

也是由于对别人的事情感兴趣，使得查尔·伊斯特博士成为有史以来最成功的一位大学校长。他当哈佛大学的校长是从南北战争结束一直到第一次世界大战的前5年。

下面是反映伊斯特博士做事方式的一个例子。

有一天，一名大学一年级的学生克兰顿到校长室去借50美元的学生贷款，这笔贷款获准了。下面是这位学生后来在一篇文章中的叙述：

"伊斯特校长说，'请再坐会儿。'然后他令我惊奇地说，'听说您在自己的房间里亲手做饭。我在念大学的时候，也这样做过。您做过牛肉狮子头没有？如果牛肉煮得够烂的话，就是一道很好的菜，因为一点也不会浪费。当年我就是这么煮的。'接着，他告诉我如何选择牛肉，如何用文火去煮，然后如何切碎，用锅子压成一团，冷后再吃。"

每个人都需要满足自己内心的某种需要，抓住这一点，你说出来的话就会产生相应的效果。

安迪去拜访客户，在进入客户的房间之前，他突然发现院子里的木制小车很精巧，他不禁好奇地问："这是什么？我从来没有见过有这样的车出售，您是在哪里买的？我想我的小儿子肯定喜欢。"

客户笑着说："是我自己做的。"

安迪惊讶地说："什么？是您亲手做的？太了不起了，它看起来是那么精巧，请问您是怎么做的呢？"

于是，客户走出去，饶有兴致地一一给安迪解说，告诉他每一步都是怎么做的，直到安迪把那辆小车的零件制法和如何组装都弄清楚。这时，已经3个小时过去了，客户此时好像丝毫没有注意到时间，依旧兴致勃勃地带安迪到处参观，告诉他家的桌子、椅子等很多东西都是他自己做的，这是他的最大爱好。而且他还得过这个区的制作冠军称号。在说这些的时候，客户忍不住地洋洋得意，显示出很自豪的样子。

安迪对自己打扰了客户太长的时间而深感愧疚，他看了看表说："很抱歉，耽误了您太长的时间，我先回去了，改天再来看您。"

而客户却说："没关系。和您谈话我很开心，欢迎再来。"

安迪的这次拜访并没有谈到任何有关销售商品的问题，但是在两天以后，他却收到了这位客户发来的一张巨额的订单。

安迪之所以取得了成功，关键在于他对客户表达了他的兴趣，对客户引以为傲的事情感兴趣，事实上这也是一种赞美。关注即是赞美，这在老师教育学生的方法中也可以领会得到。

美国的一位学者甚至这样提醒人们：努力去发现你能对别人加以夸奖的极小事情，寻找你与之交往的那些人的优点，那些你能够赞美的地方，要形成一种每天至少5次赞美别人的习惯，这样，你与别人的关系将会变得更加和睦。

安塞尔是铅管和暖气材料的销售人员，多年以来一直想跟布鲁克林的某一位铅管商做生意。那位铅管商业务量极大。但是安塞尔从一开始就吃足了苦头。那位铅管商是一位喜欢使别人窘迫的人，以粗鲁、无情、刻薄而著称。他坐在办公桌的后面，嘴里衔着雪茄，每次安塞尔打开他办公室的门时，他就咆哮着说："今天什么也不要！不要浪费我的时间！走吧！"

然而有一天，安塞尔先生用另一种方式与铅管商建立起了生意上的关系，交上了一个朋友，并得到可观的订单。事情是这样的：

安塞尔的公司正在商谈，准备在长岛皇后新社区买一家公司。那位铅管商对那个地方很熟悉，在那做了很多生意，因此那一次，当安塞尔去拜访他时，就说："先生，我今天不是来销售东西的。我对您的经商经验很感兴趣，不知道您能不能挤出一点时间来和我谈一谈？"

"我们的公司想在皇后新社区开一家公司，"安塞尔先生说，"你对那个地方了解的程度和住在那里的人一样，因此我来请教您对这点的看法。要知道，对于您的看法我很重视。"

这位铅管商立刻对他客气起来，忙说："请坐。"他拉了一把椅子，接着一谈就是一个多小时，他详细地解说了皇后新社区铅管业务的现状，他不但同意那个分公司的地点，而且，还告诉安塞尔一个批发铅管公司应如何去开展业务，怎样才能做得更好。另外，他还把自己公司的困难以及夫妇不和的情形也向安塞尔先生诉苦了一番。

"那天晚上当我离开的时候，"安塞尔先生说，"我不但口袋里装了一大笔的订单，而且也建立了坚固的友谊基础。这位过去常常吼骂我的家伙，现在常和我一块打高尔夫球。这个改变，都是因为我表示了对他的想法感兴趣，给了他一种'我很关注他'的感觉。"

懂得别人的需要，就能够得到别人的欣赏，也就能够得到别人的好意和欢迎。

你只要学会这一点，开始逐渐尝试去站在别人的立场、替别人设想，那将使你一生受益无穷。

赞美并不是拍马屁

赞美会令对方产生好感，从而使相互之间的关系融洽，这一作用是不言而喻的。但是在这里，应该明确一点，赞美并不是拍马屁，赞美也不等同于阿谀奉承。

美国费城电气公司的威伯到某州的乡村去销售用电，他到了一户富有的农家面前，敲开了门。开门的户主是个老太太，她一见是电气公司的代表，猛然把门关上了。

威伯再次敲门，门勉强开了一条缝。威伯说："很抱歉打扰了您，也知道您对用电不感兴趣。所以这次并不是来销售用电，而是来买几个鸡蛋。"老太太消除了一些戒意，把门开大了一点，探出头怀疑地望着威伯。

威伯继续说："我看见您喂的道明尼克鸡很漂亮，想买一打新鲜的鸡蛋回城。"

听到他这样说，老太太把门开得更大一些，并问道："为什么不用你的鸡蛋？"

"因为，"威伯充满诚意地说，"我的力行鸡下的蛋是白色的，做的蛋糕不好看，我的太太就要我来买些棕色的蛋。"

这时候，老太太走出门口，态度温和了许多，并和威伯聊起鸡蛋的事情。但威伯指着院里的牛棚说："夫人，我敢打赌，您丈夫养的牛赶不上您养鸡赚钱多。"老太太被说得心花怒放。长期以来，她丈夫总不承认这个事实。于是，她把威伯视为知己，带他去鸡舍参观。威伯边参观边赞美老太太鸡养得好，并说，如果能用电灯照射，产的蛋会更多。老太太似乎不那么反感了，反而问威伯，用电是否合算。当然，她得到了完满的解答。

两个星期后，威伯在公司收到了老太太交来的用电申请。

威伯的行为实际上是对老太太的赞美。尽管赞美在某些方面和拍马屁有相似之处，例如，赞美和拍马屁的出发点都是为了取得别人的好感，赞美和拍马屁的途径大都是直接颂扬等。但两者还是存在本质区别的，赞美在抬高对方的前提下，并不伤害自己的自尊；而拍马屁则不同，拍马屁通常是在不自尊、不自爱的前提下发生的。

一位汽车销售冠军说："接近客户，并不是一味地向客户低头行礼，也不是迫不及待地向客户说明产品，这样做反而会使客户逃避。当我刚进入公司做销售人员时，在接近客户时，我只会销售汽车，因此往往无法迅速打开客户的'心防'。在无数次的体验、揣摩后，我终于体会到，与其直接说明产品不如谈些有关客户太太、小孩的话题，或谈些他感兴趣的事情。让客户喜欢自己，关系着销售业绩的成败。但是要注意一点，那就是：赞美客户会赢得他们的喜爱，对客户溜须拍马则会让他们疏远你。"

为了达到影响他人的目的，人们时时需要说些恭维的话，但是为了防止自己的赞美流于奉承，自己一定要显得诚恳且心里坦然，而且要注意只恭维他人的行为而不恭维他人本身。在与客户交谈的时候，可以不时在

"这张小孩子的照片很可爱，是您的孙子吗？"类似轻松的话题中插入你想知道的正题。只要心里坦然，在愉快和谐的谈话中，你会得到满意的答复。

总有人认为专门说赞美的话，是厚颜无耻的拍马屁行为，因而耻于为之。事实上这都是粗浅的认识，在潜移默化中赞美别人、恭维别人，这些都是人际交往中至高无上的润滑剂，如此于人有利、于己无损而多益的事，又何乐而不为呢！

一位橡胶厂的总工程师，听说本市的一家同行工厂上了两条生产畅销美国的乳胶手套的流水线。他很想就这两套设备的机械、技术方面的问题作一番了解，因为他们厂也想上几条这样的流水线。

第一次，拜访该工厂的厂长时，他遭到了婉言谢绝："对不起，这套设备的制作图纸是花钱买来的，至于一些技术上的问题，暂时保密。"

第二次，他又去了。那位厂长见他只隔两天又来了，不禁微皱了一下眉头，但还是请他坐在沙发上。

"听说您在TQC（全面质量管理TQM、QCC、FMEA）管理上是个专家，我早就想在这方面向您请教。"工程师说。

厂长显然很惊讶，说："是的，我搞TQC已有几年了，在省内算得上是搞得较早的，但只是'笨鸟先飞'罢了，哪里谈得上什么专家。"他微露出开心的笑容。显然，之前他持有的戒备心理消除了。

"您能不能向我推荐一些这方面的专著和文章，使我也对TQC有所了解呢？"工程师恭敬地掏出了本子和笔，真心诚意地请厂长指教。那位厂长愉快地接过去，给他写了几个书名，并向他详尽地介绍这几本书的特色和有关章节。

接下来，厂长又向工程师具体介绍了许多他们厂进行TQC的方法和措施，甚至讲到了他对决策和用人方面的一些做法和设想，他们越谈越投机。中途，他曾告诉秘书，请她将工程师所需要的东西准备一下。

不知不觉已临近下班时分了。"我很高兴能认识您，希望您在有空的时候，到我家中小叙。"分手的时候厂长这样对工程师说。

橡胶厂总工程师的经历很典型地说明了这一点。为了了解生产乳胶手套流水线的机械、技术方面的问题，他去拜访同行工厂的厂长，第一次失败，第二次却获得了成功，就是因为他第二次运用了赞美的言语策略。他了解到这位厂长在TQC管理上是个专家，就毕恭毕敬地去请教对方在这方面的知识，表达了自己的仰慕之情，并让对方推荐一些专著和文章，使这位厂长自觉地意识到这是一种由同行认可的荣誉，心里一高兴，就畅谈起他自己进行TQC管理的历程，两人成了知音。

值得注意的是：工程师赞美了厂长的能力，却不是阿谀奉承。这种赞美是建立在自尊自爱的基础上的，效果往往也比阿谀奉承要好得多。这位工程师打开了交际的"大门"，建立了融洽的人际关系，预期的目标也就完全顺利实现。

将赞美与拍马屁区分开来，才能够真正达到接近客户的目的。赞赏与拍马屁是完全不同的两回事。要知道，赞美人人喜欢接受，但马屁却不是人人都喜欢的。赞美是发自内心的对对方的某种长处的肯定，而拍马屁则是为了达到目的虚伪的吹捧。是诚恳的赞美还是虚伪的拍马屁，对方一听就清楚。

赞美要有的放矢

不管赞美什么，都是说给人听的。要是忘了这一点，赞美就是无的放矢，毫无实效。

当你看到一个人拥有一辆名牌汽车，你会怎样赞美呢？

有一位销售人员曾经说，原先他以为"拍马"是拍拍马的屁股，让马感到很舒服，后来才知道"拍马"一词出自蒙古族。据说从前蒙古人的身份、地位完全可以从他的坐骑看出，所以，当他们称赞一个人时，总是拍着他的马的屁股连声道："好马！好马！"既然马是好马，那骑在马背上的主人自然是好汉了。

现在，你想好怎么赞美汽车了吗？会不会轻轻地摸着车子连声说："好车！好车！真漂亮！"如果这样说，可谓还徘徊在赞美"大门"之外，尚未得其诀窍。车子再漂亮，那也是生产厂家的功劳，和车主有什么关系？直截了当、毫无特色、只管物品、与人无关、隔靴搔痒等，怎么能起到好的作用呢？拍一拍马的屁股，马还有反应，说不定还会喜欢上你；可你摸车子，车子能有感觉吗？车子会领你的情吗？

赞美是给人听的，所以一定要与人有关系。在上述例子中，如果销售人员说"这车子保养得真好"，就说明他注意到了车主的活动，其观察能力和思维方式都已入了赞美之"门"，掌握到了赞美奥秘。

当一个销售人员到客户家里访问，首先应对客户的哪些东西进行赞美？

高明的销售人员会针对对方的能力大发感慨。到客户家里拜访，说："这房间布置得真别致，富有特色。"这是在赞赏客户的审美观。同样，对汽车也可以从"独特的"车内装潢进行赞美，这样比仅仅说"保养得好"强很多。同样，对一个女孩子说："这样的衣服穿在你身上，可真是绿叶扶红花！"这仅仅只是表达出了欣赏对方的眼光。如能紧紧盯住对方的知识、能力、品味，将赞美做到这一步，则说明你有一定的造诣了。

除了"你很能干！"之类的一般赞美外，恭维客户的"精明"，向客户"请教"等，都是销售人员常用的赞美绝招。

销售人员赞美客户，就是为了让对方获得"自己非常美好"的感觉。一个人的外表有美丑之分，能力有高低之别，这些都是难以求全的。但是一个人的心灵与其外貌、能力没有什么必然关系。明白这一点的销售人员，就会聪明地把赞美的目标转到对方的心灵上。

"你的眼睛又清澈又明亮，透过这两扇心灵之窗，我看到了一颗纯洁的心！"

"你开车这么稳，又谨慎又稳健，太好了！"

"你喜欢储蓄？好啊！谨慎、稳当。"

"你太热心了！"

"真没想到你这么细心！"

当你看到这段文字时，请你想象一下，如果有人对你说这样的话，你会有什么感觉？如沐春风吧。

在人际交往中适度听到一些被夸奖、赞美的话，博取美誉，是人所共有的心理需要。说"美"话就是对对方非凡的经历、伟大的事业、卓越的贡献、高尚的人格、良好的声誉、优秀的才能表示由衷的赞美，或者在表示理解尊重的同时，从正面用道德、荣誉等引导对方做好具体的言行。

用赞美激励对方，使其同时也形成自励，从而以更高的标准自觉地、严格地要求自己，在继续奋斗的过程中更加完善。赞美根据内容的不同，可分为直接赞美和正面激励两种方式。直接赞美是因对方已经获得良好的声誉而赞美对方；而正面激励是为了调动对方积极性、情操方面的精神力量，希望其创造良好的声誉。

美国著名心理学家威廉·詹姆士说："人类本性上最深的需要之一是期望被赞美、钦佩、尊重。"渴望赞美是每一个人内心中的一种基本愿望。所以，当你生活在社会当中，要想在善意、和谐的气氛中对别人有所帮助，就应该去寻找别人的价值，并设法告诉他，让他觉得那价值实在值得珍惜，从而创造出一个崭新的自己。这样，你便等于扮演了鼓励他、帮助他的角色。这就是赞美的意义之所在。

赞美应注意什么

赞美既不能吝啬，也不能滥用，对什么都赞美表明你的品位太低。

俗话说："人不可能是十全十美的。"同样的，人也不可能只有缺点而没有优点。找出对方的优点与之相处，一定可得到很完美的结果。也就是说，将对方的优点提出来夸奖，这样做的话，你不但可多得一个朋友，同时也增加了会话的机会，只有好处，没有坏处。

那么，对于真正的英俊男人应该怎么夸赞？或许你认为这太简单了，事实上并不尽然。有的人以明星来夸奖别人时，说："我觉得你很像某个英俊的电影明星！"当然，如果对方也很喜欢这位明星的话，他当然会很高兴地接受你的夸奖。假如很不巧的，对方非常讨厌这位电影明星的话，那么会产生什么结果呢？也许对方会板起脸说："是么？我和他很像，这简直是对我的一种侮辱！我最讨厌他那种……"这时，你只好在一旁苦笑了。

一般而言，大部分的男性对男明星都有自己的价值观，这份好恶的感觉非常清晰，因此，最好不要引用明星来赞美他人。如果要用的话，应该先说：

"你对某明星的感觉如何？"

"我觉得他很不错，尤其是演技真精湛！"

"唔，我也觉得。对了，过去有没有人向你提过这点，你长得很像他，都非常英俊！"

这就是一种很值得学习的有技巧性的赞美方法，如果盲目赞美的话，很可能得到反效果。

赞美是一件好事情，但并不是一件简单的事。若在赞美别人时，不审时度势，不掌握一定的技巧，即使是真诚的赞美，也会使好事变为坏事。

决定赞美效果的因素有两方面：一方面是赞美者本人。看他的赞美是否是发自内心的、真诚的，因为虚假的赞美是注定要失败的。另一方面是被赞美者。看他所得到的赞美是否是他所期望的，是否是合乎情理的赞美。如果被赞美者所得到的赞美是不合情理或不是他所期望的，那么这个赞美也是失败的。因此，在使用赞美的时候，有以下6个方面需要注意。

1. 赞美要具体、深入、细致

抽象的东西往往很难确定它的范围，难以给人留下深刻印象；而美的东西应该是看得见、摸得着的，这就是具体。如果要赞美某人是个好的销售人员，可以说："老王有一点非常难得，就是无论给他多少货，只要他肯接，就绝不会延期。"所谓深入、细致，就是在赞美别人的时候，要挖掘对方不太显著的、处在萌芽状态的优点。因为这样更能发掘对方的潜质，增加对方的价值感，赞美所起的作用会更大。

2. 赞美要实事求是、措辞恰当

在赞美别人之前，你先要掂量一下，这种赞美有没有事实根据，对方听了是否相信，第三者听了是否不以为然，一旦出现异议，你有无足够的证据来证明自己的赞美是站得住脚的。所以，赞美只能以事实为基础，不能浮夸。

同时，赞美的措辞也要恰当。一位母亲这样赞美孩子："你是一个好孩子，有了你，我感到很欣慰。"这种话就很有分寸，不会使孩子骄傲。但如果这位母亲说："你真是一个天才，在我看到的小孩中，没有一个人能赶得上你。"这就会使孩子骄傲，把孩子引入歧途。

3. 把赞美用于鼓励

用赞美来鼓励对方，能树立起人的自尊心。要一个人经常努力把事情干好，首要的是激起他的自尊心。有些人因第一次干某种事情而干得不好，你应该怎样评价他呢？不管他有多大的毛病，你应该说："第一次有这样的成绩就不错了。"对于第一次登台、第一次比赛、第一次写文章等的人来说，你这种赞美会让其深刻地记一辈子。

4. 借用第三者的口吻赞美他人

有时，人们为了博得他人的好感，往往会赞美对方一番。若由自己说出"你看来还那么年轻"这类的话，不免有点恭维奉承之嫌。如果换个方法来说："你真是漂亮，难怪某某一直说你看上去总是那么年轻！"可想而知，对方必然会很高兴，而且没有恭维奉承之嫌。

因为在一般人的观念中，总认为"第三者"所说的话是比较公正、实在的。因此，以"第三者"的口吻来赞美，更能得到对方的好感和信任。

另外，也可以在背后赞美对方。因为如果当面赞美一个人，有时反而会使他觉得你的赞美很虚假，或者会疑心你不是诚心的。一般来说，无论在大众场合或在个别场合，间接的赞美都能传达到本人，除了能起到赞美的鼓舞作用外，还能使对方感到你对他的赞美是真诚的。

5. 赞美需热情具体

你会经常看到有人在称赞别人时表现出来的那种漫不经心："你这篇文章写得蛮好的。""你这件衣服很好看。""你的歌唱得不错。"这种缺乏热诚的、空洞的赞美并不能使对方感到高兴，有时甚至会由于你的敷衍而引起对方的反感和不满。

但如果把以上这些话改成："这篇文章写得好，特别是后面一个问题有新意。""你这件衣服很好看，这种款式很适合你的年龄。""你的歌唱得很不错，不熟悉你的人没准还以为你是专业歌手呢。"这些话比空洞的赞美显然更有吸引力。

6. 赞美要适度

适度的赞美会令对方感到欣慰、振奋；过度的恭维、空洞的奉承，或者次数过多，都会令对方感到不舒服，甚至觉得难堪、肉麻，结果令人讨厌，适得其反。

在这里，要指出的是，在用赞美的方式谈话时，请注意：

（1）赞美要发自内心、诚恳；

（2）赞美要具体，不能太抽象笼统；

（3）赞美要实事求是，不可言过其实：

（4）间接的赞美比直接的赞美来得更有力；

（5）赞美的时机要选择得当，不可乱发议论；

（6）赞美要适可而止，不可无限拔高；

（7）赞美贵在自然，千万不要做作。

有创意的赞美更容易被人接受

陈词滥调或者不着边际的赞美只会惹人生厌，赞美的直接目的是让对方高兴，如果你不想做一个毫无特色的销售人员的话，赞美的话也得有新意才行。

某高档西装的广告部负责人洋洋曾经历过这样的事情：

经过几次的电话预约，一位商界奇才终于答应同洋洋见面。洋洋很珍惜这次机会，因为她的目的是让此人成为她们服装品牌的代言人。在一般情况下，商界人士是不屑于为其他人做广告的，"我又不是明星，那些出风头的事找别人去做吧！"这是他们的观点。为了在短暂有限的时间内能够说服这位商界奇才，洋洋制订了详细的计划。她的计划是：想办法先赢得他的好感，然后努力延长对话的时间，这样才有可能成功。

见到了久负盛名的张先生后，洋洋打过招呼后，微笑着说："您好，我仔细阅读了您的成功经历，您真是一个商界奇才啊！"

张先生显得波澜不惊，说："真是奇怪，现在每一个人见到我都这样说。其实，我并不那样认为，这也是我给每一个人的回答。"

"不，您太谦虚了，中国像您这样的人物真的太少了。"洋洋唯恐张先生不高兴，赶紧又说。

"洋洋小姐，如果你是来跟我说这些的话，那么你可以走了。因为这些话对我没有任何意义，如果我想听这样的话，随便拉一个人进来可能都比你说得好。如果你没有其他的事情了，请不要浪费大家的时间。请原谅我的直白，因为时间对我来说实在是太宝贵了，很抱歉。"

洋洋动了动嘴唇，什么话都没有说出来。

遇到这样的情况，是洋洋始料不及的。她没有想到自己的好心赞美却得来这样的结果，真正的来意还没有说出，就被下了逐客令。问题出在哪里呢？问题就在于洋洋的赞美太过于普通，甚至让人觉得听这样的赞美就等于在浪费时间。

有位成功的销售人员说过，在她的销售生涯中，遇到过这样一位客户：他听到别人赞美他的胡须很特别时便大为高兴，但对于那些他对社会所作出的巨大贡献和有关他成就的赞美，他却不放在心上，让人颇觉怪异。这样的客户，仿佛很难把握他们的心理。

事实上，这种心理是每个人都有的。大概已经有无数的人赞美过了这位成功人士在商场上的"英勇善战"和富于谋略的经商才干，但是，他作为一个商人，不论在这方面怎样赞美他，也只是赞歌中的"同一支曲子"，不会使他产生自豪感。

然而，如果你对他经商才能之外的方面加以赞美，就等于在赞词中增加了新的条目，他便会感到无比的快乐和满足，认为自己除了那些之外，还有更加令人着迷的东西。可见，在赞美他人时，能找到新鲜的内容是多么的重要。

钱钟书先生的赞美也像他的《围城》一样充满着智慧的创意，给人以新鲜而受用的感觉。

有一年冬天，他访问日本，在早稻田大学文学教授座谈会上即席作了《诗可以怨》的演讲。他的开场白是："到日本来讲学，是很大胆的举动，就算一个中国学者来讲他的本国学问，他虽然不必通身是胆，也得有斗大的胆。理由很明白简单，日本对中国文化各方面的卓越研究，是世界

168

公认的；通晓日语的中国学者也满心钦佩和虚心采用你们的成果，深知要讲一些值得向各位请教的新鲜东西，实在不是轻易的事。我是日语的文盲，面对着贵国汉学或支那学的丰富宝库，就像一个既不懂号码锁又没有开撬工具的穷光棍，瞧着大保险箱，只好眼睁睁地发愣。但是，盲目无知往往是勇气的源泉。"

在开场白中，钱钟书先生表示对日本汉学研究中国人不敢等闲视之，即使是中国专家在日本讲中国学问，也要对听众的水平作最充分的估计；而后段表示自己不通晓日语，除了有勇气之外，没什么资本。殊不知，钱先生正是以这种有意识地自嘲式的赞美，使在座的所有日本听众既感动又受用。

泛泛的流于普通的赞美方式已被大家所熟悉，人们也越来越认识到赞美所能带来的种种好处，那些平常人人都会的赞美已不能达到预期的效果，赞美还要注意讲究适当的方式，有创意的不同于众人的赞美方式会更容易被人所接受。

《魏郑公续录》一书中曾记载了长孙皇后与唐太宗的故事：

一天，唐太宗满脸怒气地罢朝回内宫，贤慧的长孙皇后忙问其故。唐太宗开口就大骂："我总有一天要杀了这老不死的！"

"陛下，您要杀谁呢？"长孙皇后不胜惊奇。

"杀谁？还不是那姓魏的老家伙吗？什么事都要他多嘴，好像偏他骨头硬，在金殿上总是和我过不去！不杀他不解我心头之恨！"唐太宗的火气着实不小。

听完唐太宗的话，长孙皇后不禁抽了一口冷气，心想："皇上听不进忠言直谏，竟要杀魏征！"

怎么办？长孙皇后急中生智，第二天趁皇上早朝，她穿上朝服，来到金銮殿。按当时的礼仪，皇后穿上朝服，意味着受册、朝会等重大典礼。唐太宗一见，大惑不解，忙问其故。

"陛下，臣妾特来贺喜！"长孙皇后说。

"何喜之有？"唐太宗更感奇怪。

"陛下，臣妾听说皇上圣明，臣子才会真诚。现今魏征如此真诚，敢于忠言直谏，这是皇上圣明的缘故啊！臣妾怎敢不来道贺！"

长孙皇后的话，说得唐太宗高兴起来，终于打消了要杀魏征的念头。

封建帝王，位尊至极，触动一下往往会龙颜大怒。即使是常常告诫大臣们忠言直谏的开明君主李世民，遇到为政事与著名谏臣魏征发生争执的情形，也会有生气发火甚至余怒未消之时动杀机！如何扭转这一局面？机敏的长孙皇后利用自己的特殊身份，身着朝服肯定并赞美了唐太宗是圣明的君主，而魏征的忠言直谏则是唐太宗圣明的结果。这种赞美给唐太宗极大的精神满足，因为主明臣直正是唐太宗所追求的开明政治，所以，说得唐太宗转怒为喜。

赞美的力量是巨大的，有创意的赞美甚至可以为自己洗脱罪责，免受处分。

赞美之前要研究赞美对象

一个周末，许多青年男女伫立街头，他们中间有不少人是在等待与情侣相会的。有两个擦鞋童，正高声叫喊着以招徕客户。

其中一个说："请坐，我为您擦擦皮鞋吧，又光又亮。"

另一个却说："约会前，请先擦一下皮鞋吧！"

结果，前一个擦鞋童摊前的客户寥寥无几，而后一个擦鞋童的喊声却收到了意想不到的效果，一个个青年男女都纷纷让他擦鞋。

究竟是什么原因导致这样的差异呢？

第一个擦鞋童的话，尽管礼貌、热情，并且附带着质量上的保证，但这与此刻青年男女们的心理差距甚远。人们从这儿听出的印象是"为擦鞋而擦鞋"的意思。

而第二个擦鞋童的话就与此刻男女青年们的心理非常吻合。"月上柳梢头，人约黄昏后"，在这充满温情的时刻，谁不愿意以干干净净、大大方方的形象出现在自己心爱的人面前？一句"约会前，请先擦一下皮鞋"，真是说到了青年男女的心坎上。

一句"为约会而擦鞋"一下子抓住了客户的心，因而这位擦鞋童大获成功。通过以上分析，你也该从中受到启发：只有仔细研究客户，察言观色，得到准确的无形信息，才能找到最恰当的说话切入点。

一位著名的企业家曾讲过这样一件事：

"20世纪60年代期间，我决定兴建一座办公大楼作为我的公司总部。我花了将近10年时间，去了无数家银行，始终得不到贷款。于是，我决定来个既成事实，我设法将我自己的200万美元款项集中起来，聘请一位承建商，要他尽管进行建造，我则去设法筹集所需的其余500万美元。如果钱用完了而我还拿不到抵押贷款的话，那他就要停工。

"建筑开始施工，后来所剩的钱只够再维持一个星期。就在那时，我刚巧和人寿保险公司的一位主管在纽约市一起吃晚饭。我取出经常随身携带的一份蓝图，想引起他资助我兴建大楼的兴趣。当他看出我准备在餐桌上将蓝图摊开时，便对我说，'这里不好谈，明天到我办公室来。'

"回到家之后，我仔细研究了这位主管的资料。我发现他当上主管也不过是半个月之前的事，得到了这一信息，我就对明天的谈话胸有成竹了。

"次日，一切谈得很顺利，我认为都城公司多半可以给我所需的抵押贷款。

"'太好了，'我说，'唯一的问题是我今天就需要获得贷款承诺。'

"'你一定是在开玩笑吧，'他答道，'我们从来就无法在一天之内给予抵押贷款承诺的。'

"我把椅子向他那边拉近，说道，'你是这个部门的主管。也许，你应该试试看你有没有足够的权力，可以使这件事在一天之内办好。而且我现在真的非常需要帮助。'

"他微笑着说道，'你这是要为难我了，不过，让我试试看吧。'

他试了之后，原来说办不到的事情终于办到了，而我也在我的钱用完之前几小时回到了芝加哥。"

想说服别人，就必须找到并击中对方的"要害"，从而促使他应允。以这件事来说，"要害"是那位主管对他本身权力的意识，刚刚上任的主管肯定想对自己手中的权力产生一些具体的意识，他需要在某件事上来证明自己到底有多大的权力可以使用。企业家正是抓住了这一个契机，使得自己的贷款成功地被批准。

一个花匠去一位著名的法官家为他美化庄园。当他在干活的时候，那位法官跑出屋子来提出了不少好的建议，诸如希望在哪儿栽上一丛杜鹃花等。于是花匠说："法官先生，您的业余爱好可真广！我一直很喜欢您那些漂亮的狗，我知道您在麦迪逊广场花园举行的家犬大奖赛中赢得了不少蓝彩带。"这小小的赞美之辞带来了惊人的效果，无疑狗是法官的心爱之物。法官连忙说道："是啊，是啊，养狗的乐趣真是无穷。你是否愿意看一看我家的狗？"

法官花了将近1小时领花匠参观他养的狗，并把那些狗赢得的各种奖品拿给花匠看，他甚至还拿出狗的谱系材料，向花匠说明这些狗之所以这么漂亮是因为血缘的关系。

末了，法官问花匠："你有孩子吗？"当花匠回答"有"时，法官又问："他想要小狗吗？"花匠急切地答道："怎么不想，如果有了，他会开心死了。""好吧，我送他一只。"法官说道。

接着，法官又跟花匠讲了怎样给小狗喂食的问题，讲完后又热切地说："光给你讲你会忘了，我把它写出来吧。"于是，法官写下了喂狗的方法。

法官最后送给了花匠一只价值100美元的狗，在花匠身上花去了1小时又15分钟的时间，这一切都是因为花匠真诚地赞美他的爱好和他取得的成就。

你是不是很羡慕那个花匠？告诉你，花匠可是花了很长一段时间来研究这位法官，因为他也很喜欢小狗，只是没有那么多的余钱去买，聪明的花匠在仔细地研究法官之后，又进行了仔细的分析，最后设计了上面的对话。"世上无难事，只怕有心人"，最后他成功了。

任何人都会有一些值得你去羡慕的地方，你只需要通过仔细的研究，认

173

真地把它挖掘出来，并真心地加以赞美，你将会受益无穷。

千万别让赞美帮了倒忙

虽说人人都喜欢听赞美之词，但也并不是无条件地喜欢一切赞美自己的言论。"拍马屁"若拍得不得法，不仅达不到预期的目的，反而会引起对方的反感。

比如说，有的销售人员去客户家销售时，只要看见主人是女的，张口就说："您长得真漂亮！""您打扮得真好看！"或"您显得真年轻！"像这种一点铺垫都没有的赞美，太不自然了，碰上脾气好的至多不过说你"神经病"，然后把门关上，要是碰上脾气不好的，可能会吵架。

怎样使你的赞美话说出来时不显得唐突呢？有一位销售人员是这样做的：

他敲开一客户的家门，看见开门的是一位十分年轻的妇女时，便故意装出一副惊慌失措的样子，可怜巴巴地说："真对不起，小姐，我是个销售儿童游戏卡的销售人员，我本来是想找一家有小孩的，没想到打扰您了。"

那少妇有些火了："我就有孩子。"这位销售人员又赶紧装出一副很惊诧的样子，看了她半天，才用惊奇的语调说："啊，请原谅，没想到您已经有了孩子，您是这么年轻、漂亮，真不敢相信。"正如他所预料的那样，那位少妇的脸上又有了笑容。

此外，赞美还必须符合事实，倘若对方长相很普通，甚至可以说还有点难看，此时你却夸她有一张漂亮的脸蛋，这样的赞美是收不到任何好的效果的。最好的办法是选中对方最心爱的东西、最引以为豪的东西进行赞美，这样的赞美无论怎样过分，对方都不至于气恼。

赞美是一件好事，但绝不是一件易事。赞美别人时如不审时度势，也会使好事变为坏事。

某著名化妆品公司销售代表小李，深谙赞美之道。但是，在他刚刚步入销售人员的行列时，也曾因赞美不当而得罪了客户。

那天，他拜访一位刘小姐，恰巧刘小姐的一位闺中密友也在，为了争取到更多的客户，给刚刚认识的女士们留下一个好的印象，他决定依靠赞美这一"战术"来达到打动她们的目的。

出于这样的心理，于是他对刘小姐说："您的朋友很漂亮。"刘小姐的朋友听了很高兴，走过来跟小李握手，又对他的化妆品问这问那，显得很热情。

小李很得意，认为自己的赞美话术奏效了。事实上也的确如此。但就在此时，小李转过头发现刘小姐一言不发，好像很不高兴的样子，对自己也不再热情。小李心里明白自己对其他人表示赞美之意而将主人刘小姐忽略了，这就犯了销售的大忌。小李心里一急，又加了一句话："就是皮肤黑了点。"

这时，杠杆平衡了。但是，结果并不是两个人都对他热情有加，而是都对他冷眼相看，认为这个人怎么这么不会说话。就这样，小李不但失去了两个潜在的客户，而且令自己的颜面尽失。

为了避免你的赞美引起误解，不要突然没头没脑地就大放颂辞。你对对方的赞美应该与你们眼下所谈的话题有所联系。

以什么事为引子开始赞美对方比较好呢？对方提及的一个话题，他讲述的一个经历，也可能是他列举的某个数字，或是他向你解释的一种结果，都可以用来作为引子。

一男青年晚上在饭店碰到一位认识的女士，她正和一位女伴在用餐，两人刚听完歌剧，穿戴漂亮。这位男青年不禁眼前一亮，很想恭维一下对方："噢，康斯坦泽，今晚你看上去真漂亮，很像个女人。"对方难免生气地说："我平常看上去什么样呢？像个清洁工吗？"

在一次管理层会议上，一位报告人登台了。会议主持人向略显吃惊的与会者介绍："这位就是刘女士，这几年来她的销售培训工作做得非常出色，也算有点儿名气了。"这末尾的一句话显然是画蛇添足，让人听了不太舒心，什么叫"也算有点儿名气"呢？

这些赞美的话由于用词不当，让对方听来不像赞美，倒更像是贬低或侮辱。结果自然是事与愿违，不欢而散。

所以，在表扬或赞美他人时请谨慎小心，注意你的措辞，尤其要注意以下3条基本原则：

（1）列举对方身上的优点或成绩时，不要举出让听者觉得无足轻重的内容。

例如，向客户介绍自己的销售人员时说他"很和气"或"纪律观念强"之类和销售工作无关的事。

（2）你的赞美不可暗含对对方缺点的影射。

例如，这样一句口无遮拦的话："太好了，在一次次半途而废、错误和失败之后，您终于大获成功了一回！"

（3）不能以你曾经不相信对方能取得今日的成绩为由来赞美他。

例如，"我从来没想到你能做成这件事。"或是"能取得这样的成绩，恐怕连你自己都没想到吧。"

另外，你的赞美不能是对待小孩或晚辈的口吻，例如，"小伙子，你做得很棒啊，这可是个了不起的成绩，就这样好好干！"

总之，赞美就像空气清新剂，可以振奋对方的精神，让人舒适，但也必须清楚，再好的清新剂也有过敏以致反感者，更何况人与人之间的关系如此复杂。如果不通晓人情，不根据所赞对象的心情和当时情境的具体情况而乱赞一通，恐怕真的会"马屁拍到马掌上"。

附和对方也是一种赞美

韦森先生在没有研究人际关系学之前，他损失了无数应该获得的佣金。韦森是一家服装图样设计公司的销售人员，他几乎每星期都去找纽约某位著名的设计师，这样做已经有3年的时间了。然而，每次这位设计师也不拒绝见韦森，而且还总是把韦森带去的图样仔细看一遍，但就是不买。

经过了150次的失败后，韦森觉得自己必是过于墨守成规。所以他决定每星期利用一个晚上的时间，去研究一下人际关系的法则，以帮助自己获得一些新的思想，产生新的热诚。

不久，他决定采用一种新方法。他拿了几张那些设计师们尚未完成的图样，走进那位买主的办公室。这次，他并没有像往常那样请求买主购买这些图案，而是请求设计师提出自己的意见，然后把它完成。设计师把草图留了下来，让韦森3天后去找他。

3天后，韦森又去他那里，听了建议后，把图样拿回去，按照那位买主的意思画完。这笔交易结果如何？不用说这位买主完全接受了。

那是9个月以前的事，自从那笔生意完成后，这位买主又订了10张图样，都完全是照着他的意思画的，韦森就这样赚了1 600多美元的佣金。

韦森过去失败的原因——总是强迫设计师买他认为对方需要的图样。可是现在韦森所做的，跟过去完全不一样了。韦森请设计师提出他自己的意见，使设计师觉得那些图样是自己设计的。现在韦森不用去求他买，他自己也会来向韦森买。

遵照设计师的意见办事，别人怎么说就怎么做，这也是一种赞美方式。听从他人的意见，无形当中就制造了"你很好，你的意见都是对的。你说什么我随声附和就是了"的效果。仔细领会一下，你就会发现，在使用这样的方法时，被附和的一方总会产生被尊重、被崇拜的感觉，在效果上，与直接赞美是一样的。

在饭店里，你经常会听见服务员这样说："先生，您可真会选，这是我们店里最好的葡萄酒，对那些精于品评美酒的人是再合适不过了。是的，有一点儿贵，不过我想您会喜欢的。您愿意再来一瓶吗？"

这样赞美别人的成熟品位和鉴赏力，别人怎能拒绝？而且价格因素增加了葡萄酒的诱惑力，人们通过向周围人显示有能力消费生活中的奢侈品而使自己的能力表现需要得到了满足。

在销售人员与客户的交流过程中，附和对方起着举足轻重的作用，因为附和就意味着同意对方的观点，这种在心理学上称为：承认。当你承认对方的观点是正确的时候，那么在对方的心里就会对你产生一种认同感，从而拉近双方的距离。

大作家马克·吐温曾幽默地感慨："一句美好的赞美，能使我快乐两个月。"

清朝有一部叫《一笑》的书，里面记载了这样一则笑话：

古时有一个说客，当众夸口说："小人虽不才，但极能奉承。平生有一愿，要将1 000顶高帽子送给我最先遇到的1 000个人，现在已送出了999顶，只剩下最后1顶了。"一长者听后摇头说道："我偏不信，你那最后1顶用什么方法也戴不到我的头上。"说客一听，忙拱手道："先生说的极是，我从南到北，闯了大半辈子，但像先生这样秉性刚直、不喜奉承的人，委实没有！"长者顿时手持胡须，洋洋自得地说："你真算得上是了解我的人啊！"听了这话，那位说客立即哈哈大笑，说："恭喜恭喜，我这最后1顶帽子刚刚送给先生你了。"

这虽然只是一则笑话，但它却有深刻的寓意。说客能够成功地送出最后1顶"高帽子"，究其原因，在于他懂得随声附和。在附和的同时，得到了长者的认同，最后终于达到了自己的目的。之所以如此，最主要的原因便在于赞美他人能满足他们的自我。如果你能以诚挚的敬意和真心实意的赞美满足一个人的自我好感心理，那么任何一个人都可能会变得更令人愉快、更通情达理、更乐于协力合作。

将这个道理应用到销售方面，也能收到异曲同工的效果。例如，如果客户说："这件衣服的颜色很特别。"聪明的销售人员应该说："对，您的眼光真是不错，今年就流行这种颜色。"这时，客户就会心里美滋滋的，因为自己的观点得到了认同，同时自己又被认为是"比较有眼光的人"，也就不太可能放下一件"有眼光的人"认为"比较好"的衣服了。

人总是喜欢被赞美的，随声附和也是一种赞美的方法，这可能是很多销售人员没有注意到的。抓住这一点，赞美的诀窍也就不再显得那么难以掌握了。在现实生活中，多数人爱听附和的话。你附和别人的观点，如果恰到好处，他肯定会高兴，并对你有好感。

不少人说自己对人云亦云很反感，愿意接受批评。一旦你信以为真，毫不客气地对他批评，他表面上虽然不一定有所表示，但内心多半是不高兴的。实际上，真正能做到"人告之以有过则喜"的人，是很少的。适当地运用赞美的方法，投其所好，可以收到意想不到的效果。

请教也是一种赞美

真诚地请教对方光辉的业绩、优秀的才能、独有的专长，往往是一把成功打开"交际大门"的钥匙，因为在某种程度上，请教就意味着赞美和承认。

通常人们都会向比自己高明的人请教，换句话说，当你向别人请教问题的时候，就相当于在心理上认同被请教对象为一个比较高明的人物，或者是一个专业人士。这样做会产生什么效果呢？先来看一个例子。

美国长岛的一位汽车商人，利用请教的技巧，把一辆二手汽车成功地卖给了一位苏格兰人。

　　这位商人带着那位苏格兰人看了一辆又一辆的车子，但苏格兰人总是不满意：这不适合，那不好用，价格又太高。在这种情况下，他就停止向那位苏格兰人销售，而让他自己购买。几天之后，当有位客户跟这位商人说希望用他的旧车换一辆新的时，这位商人就又打电话给苏格兰人，请他过来帮个忙，提供一点建议，他知道这辆旧车子对苏格兰人可能很有吸引力。

　　苏格兰人来了之后，汽车商对他说："你是个很精明的买主，懂得车子的价值。能不能请你看看这辆车子，试试它的性能，然后再告诉我这辆车子别人应该出价多少才合算？"

　　苏格兰人的脸上泛起笑容，很高兴地把车开了一圈又转回来。"如果别人能以300美元买下这辆车子，"他建议说，"那他就买对了。"

　　"如果我能以这个价钱把它卖给你，你是否愿意买它？"这位商人问道。果然事情出奇地顺利，这笔生意立刻成交了。

　　请教相当于赞美，它赞美他人的能力、知识等高人一筹，这种赞美方法运用起来很简单，效果也是非常好的。

　　一位X光机器制造商利用这种心理战术，把他的设备卖给了布鲁克林一家最大的医院。那家医院正在扩建，准备成立全美国最好的X光科室。一位大夫负责X光科室设备的采购，销售人员整天包围着他，他们一味地夸奖他们自己的机器设备。

　　然而，有一位制造商却更具技巧。他对见到的大夫是这样说的：

　　"我们的工厂最近完成了一套新的X光设备。这批机器的第一部分刚刚运到我们的办公室。它们并非十全十美，我们想改进它们。因此，如果您能抽空来看看它们并提出您的宝贵意见，使它们能改进得对你们这一行业有更多的帮助，那我们将深为感激。我知道您十分忙碌，我会在您指定的任何时间，派我的车子去接您。"

"听您这么说，我既觉得惊讶又觉得受到很大的恭维。以前从没有任何一位X光制造商向我请教。这使我觉得自己很重要。这个星期，我每天晚上都很忙，但是我还是决定推掉今天的晚餐约会，以便去看看那套设备。"大夫说完便随这位制造商去看设备。大夫看得越仔细，越发觉自己十分喜欢它，最后大夫为医院买下了那套设备。

在人际交往过程中，请教起到拉近人与人之间关系的作用。你能想象一下请教问题时的姿势吗？微微低着头，恭敬地将自己想知道答案的问题"呈"给对方。这是怎样的一种表达尊敬的姿势，还会有谁不接受这样恭敬的赞美吗？

请教的主要表现形式就是向对方求助或征求意见。

例如，你可以问对方："您认为如何？""我该怎么办？"这是属于一种间接的赞美。你或许认为他不能达到和直接赞美相同的效果，但是，如果你能运用得当，它绝对能够产生比直接赞美更好的效果。

销售工作多是面对陌生人的商业活动，同样，对于客户来说，销售人员也是陌生人。对陌生人的恐惧、怀疑和防备是人的本能，因此，当销售人员敲开客户的家门时，客户就会对销售人员这样一个陌生的不速之客的来意产生恐惧、怀疑和防备，会对销售人员摆出一副排斥的态度。

日本的一位专家曾做过一次调查，结果表明70%的客户没有什么真正明确的拒绝理由，只是泛泛地反感销售人员的打扰，对销售人员本人产生怀疑、恐惧的心理，同时对销售人员带来的产品也必然产生疑虑："这个产品到底是真的呢还是假的？信誉可靠吗？"所以从根本上说，客户对销售人员的拒绝并不是拒绝产品，而是拒绝销售人员、拒绝销售人员的言行和神态。

有经验的销售人员对打消客户的疑虑、取得客户对自己的信任都有一套独特的方法，他们会巧妙地利用请教式的赞美来消除客户的防备。

销售人员：先生，您好！

客户：您是谁啊？

销售人员：我是××公司的，今天我到贵地，有两件事专程来请教您这位附近最有名的老板。

客户：附近最有名的老板？

销售人员：是啊！根据我打听的结果，大伙儿都说这个问题最好请教您。

客户：哦！大伙儿都说我啊！真不敢当，到底什么问题呢？

销售人员：实不相瞒，是……

客户：站着不方便，请进来说话吧！

就这样，销售人员过了第一关，达到了接近客户的目的。这是不是轻而易举？

每个人都渴望别人的重视与赞美，只是很多人把这种需要隐藏在内心深处罢了。因此，只要你说"专程来请教您这位附近最有名的老板"时，几乎百试不败，没人会拒绝你的。这种赞美的话术运用在销售中的上门销售最为有效。

183

用赞美"堵住"客户的口

业绩非凡的化妆品销售人员A君介绍经验时说："我的前辈常教导我说，销售化妆品时，首先要了解化妆品的本质。一般来说，化妆品算不上生活必需品，甚至可以把它归入生活奢侈品之列。因此，大多数的人会以'太贵了'为拒绝的借口。所以，在销售时就要狠下工夫，多利用一些赞美之词来'堵住'客户的口，从而掏出他的钱包。"

有一次，A君向一位社交型的太太销售化妆品，她一开始就拒绝销售人员于千里之外。这时，A君突然发现她家门厅里有一只女用高尔夫球袋，A君立刻计上心头，便话锋一转说道："这球袋是您的吗？"

太太："是啊！"（态度开始有所好转）

A君："您的球袋真漂亮。"

太太："噢，这是我去年到欧洲旅游时在巴黎买的。"

A君："您是高尔夫球的爱好者吗？"

太太："可不是，为此我可花了不少的钱呢。"（流露出自豪的神情）

A君："是啊，高尔夫球是富裕阶级的娱乐活动。"

太太："你说得不错，在国外，高尔夫球是上层社会人士喜爱的高级娱乐。"

当这位太太眉飞色舞地谈论时，A君不失时机地说："是的，这种化妆品不是便宜货，的确贵了一点，所以用它的女士均是高收入者，而且，使用这种化妆品就如打高尔夫球一样，能显示出您的身份！"

　　这句话正中了这位太太的下怀，销售人员的附和使这位太太挣足了面子，为了使自己不失面子，她无法再说出"没钱"的借口了。

　　在销售过程中，如果听到"没钱"，千万别泄气。的确，钱是决定成交与否的关键性因素，但是应该相信，"没钱"很可能只是一种借口罢了。所以，销售人员要避免与"没钱"这个借口做正面交锋，应采取迂回战术，在客户还没有借口说"没钱"时，就预先"堵住"这个借口，让他说不出"没钱"，那就只有掏腰包了。

　　美国著名的销售商戴维先生，讲了一个他亲身经历的有趣故事。

　　一位中年客户和他谈了15分钟后，这位客户向戴维订购了一个热水器和一个新式煤气灶、一台电子微波炉，并约定第二天早上8点钟来取货。可是第二天，这位客户却打电话给戴维先生说："不要了。"戴维先生既没有生气，也没有埋怨，他驱车前往他家，微笑地询问："为什么呢？您昨天不是高高兴兴地和我闲聊这些产品的好处吗？"

　　"我太太说免了，因为把水放在煤气灶上烧就可以了，以前的煤气灶还可以用。"

　　"那么电子微波炉呢？"

　　"我太太说家里有电炉，何必再花那么多钱。"他还接着说，"我太太说准备省一些钱给我买一辆摩托车。"

　　戴维先生突然打断他，问道："对了，您不是刚买了一套新楼房吗？"

　　"是刚买。"

　　戴维先生继续问道："以先生的财力买一辆摩托车易如反掌，从前怎么不买呢？"

　　"那时我太太一直怕我骑摩托车有危险。"

"现在难道就不怕了吗？"说到这里，两个人都不禁哈哈大笑。

戴维接着又说："先生，依您的财力和身份，我看买汽车才和您的身份相配！德国的奔驰、美国的福特、日本的丰田，七八万就可买到八四式或八五式。有了汽车，不但会提高您的身价，而且事业会取得更大的成功……您希望要大型的，还是小型的？"

这位客户支支吾吾地说："买汽车是我多年的愿望，就不知道买哪种好，您是生意内行人，是否能帮我……"

"我也只是略知一二，不过我乐于效劳，但是新房子、新汽车和旧灶炉是很不相称的啊！"

听了戴维先生的谈话，那位客户不禁说："是啊，我们还要热水器、煤气灶，还有电子微电炉，请您马上派人给我送货，顺便也请几个人给我安装。"

"噢，您要慎重考虑，不要勉强自己，您太太的意思是应该考虑考虑的。"

"没关系，没关系，这事还是我说了算。其他就拜托您了。"

通过以上事例，我们可从中了解到客户退货并非是因为缺乏支付的经济能力，而是想买摩托车。为什么要买摩托车呢？因为他觉得那样与自己的身份、地位更相称。于是戴维先生就抓住这个想提高自己身份、地位的欲望为突破口，劝他买汽车，"燃烧"起对方对高层次生活的欲望，然后话锋一转，使对方觉得原来的订货和他想提高社会地位的欲望并不矛盾，于是便水到渠成地完成了原来的交易。

在生活中，有很多利用赞美来"堵住"他人之口的事例，下面就是一个。

某厂职工老王到外地出差。临返回时恰好看见邻厂的一辆卡车，他就想搭这辆卡车回去，尽管老王不认识司机，但是经过交谈还是搭上了车。老王回家后才发觉有只提包放在车上忘记带回了，他立即返回去找，已不见提包踪影。第二天，老王找到司机家中，先感谢他帮忙让自己搭车回来，然后说自己忙乱中把一只提包落在车上。他说："一发现提包不在，家里人就催我快找，我说不要紧，那位师傅的为人很好，又没别人，他见到后一定会帮忙收起来的。"听了老王这番话。司机略一思忖说："收车后发现有只提包，我断定是你忘记拿走，放在车上怕出差错，就拿回来了。"说着，从里屋拿出了那只提包。

老王的提包失而复得，绝非偶然。他找到那位司机后，除了十分客气地感谢司机帮忙外，话说得非常自然、朴实，毫不矫揉造作。在介绍自己忙乱中把一只提包遗忘在车上的情况后，借转述与家人的对话巧妙地赞美了司机。说"师傅的为人很好"，是赞美他品行端正、情操高尚、乐于助人，不会贪小便宜；说"他见到后一定会帮忙收起来的"，则是赞美其责任心强，处理问题非常小心在意、妥善周到。这就明确地表达了对司机为人处世、人格道德的肯定与尊重，这种肯定与尊重则满足了对方希望得到他人尊重和做一个高尚的人的心理需要。这些赞美的话语让司机得到了激励，司机在得到激励的同时也自励，以实际行动作出回应，于是拿出提包给了老王。

把握先机，先将赞美话说出口，让对方产生"不能让人白夸"的心理，事情就会好办多了。在销售的过程中，适当利用人的这些微妙的心理，将会使你发现很多成功的契机。而这些技巧的掌握，还需要在实践中不断地完善。

如沐春风的贴心赞美

赞美为什么能够打动人心？因为赞美贵在贴心。好的赞美总是令人感到十分舒服，如沐春风。

有一家皮革材料公司，专为皮革制造厂提供皮革材料。一次，一位客户登门，几句寒暄之后，公司负责人发现这位客户实力雄厚，需要量很大。在交谈中又发现这位客户比较自负、性急。

于是皮革材料公司通过客户观看样品的机会，适当而得体地夸奖他的经验与眼力，在最后的价格谈判中，先开出每公尺20元，但接着加了一句："您是行家，我们开的价有'水分'骗不了您。最后的定价您说了算，我们绝无二话。"

果然，客户在这种信任的赞美声中，痛痛快快定了每公尺15元的价格（公司的进价是每公尺12元）。

显然，这样的战术成功了。而成功的关键还在于准确地把握住了对方的性格和心理，使用了正确的赞美方法，使自己的赞美十分的贴心，令对方受用得非常舒服。在这样的情况下，生意就好谈得多了。

某中学校长无钱修缮校舍，多次循规蹈矩地层层请示，却毫无实效，不得已之下，决定向本市玻璃制品商场经理求援。校长之所以打算找该经理，是因为这位经理重视教育，曾捐款1万元发起成立"奖教基金会"。

但遗憾的是听说近两年商场的经营一直不理想，下设的三个分店年亏损数万元。眼下要向这位经济困难的商场征集捐款，校长深感"凶多吉少"、希望渺茫；但是想到全校师生的生命安全，只好"背水一战"了。

校长："曹经理，久闻大名。近日在省城开会再一次听到教育界同仁对你的赞美，实是钦佩！今日散会返校，途经此处，特来拜访。"

经理："不敢当！不敢当！"

校长："经理您真是远见卓识，首创'奖教基金会'。不但在本市能实实在在地支持教育事业，更重要的是，您的思想影响深远。'奖教基金会'由您始创，如今已由点到面、由本市到外市，甚至发展到全国许多地区，真可谓名扬四海啊！"

校长紧紧围绕经理颇感得意之处，从思想影响到实际作用等方面予以充分肯定，说得曹经理满心欢喜、神采飞扬。正当此时，校长又惭愧地诉说自己的"无能"和悔恨：

"身为校长，明知校舍摇摇欲坠，时刻困扰学生的学习，日夜危及着师生的生命安全，却毫无良策排忧解难。要是教育界领导都能像曹经理这样，真心实意酷爱人才、支援教育，只要拨1万元钱就能放下我心头的重石，可是至今申报不下10次，仍不见分文。"

听到这里，经理立即起身拍拍胸脯，慷慨地说："校长，既然如此，你就不必再打报告了，1万元我捐献给你们。"

校长紧紧握住经理的手，表示由衷的感谢。

校长可谓十分精明，他在了解对方困难的情况下，仍然采用赞美的方式获得了募捐的成功。他的赞美虽然直截了当，但并没有阿谀奉承之嫌，而且令人感到情真意切。首先，他对商场经理的远见卓识、首创"奖教基金会"的行为，从思想影响到实际成效给予了充分的肯定和恰当的赞美，光辉业绩的称颂产生了极大的激励作用；其次，悲诉自己的"无能"和悔恨，让对方给予极大的同情甚至产生义愤，从而深深地打动了对方，达到了预期的目的。

因此，如果你想成为一个被人喜欢的人，就必须学会衷心地赞美别人。

根据心理学家的研究，要想使自己的赞美更加贴心，应该遵守下列3项原则。

1. 不要害怕面对面赞美他人

如果对方是个女人，而她的新帽子很漂亮，你要勇敢地当面赞美她；如果对方是个男人，而他的领带很漂亮，你也应该勇敢地当面赞美他。纵使你在报上看到友人被选为好人好事代表，你也应该立即拨电话向他道贺。

2. 满足对方在知识、能力、判断力上的虚荣

对于不是很了解事情真相的人，你应该对他说："你一定很了解吧！"也就是说，你能够把他当作知道此事的人，也足以满足他的虚荣心，让他感到高兴。每一个人都希望被认为是有知识、有教养的人，如果你不忘时常用"你真有知识""你真有能力""你真有判断力"去满足他这方面的需要，那你就能很容易地使他对你产生信赖和好感。

曾经有一位催眠专家表示，如果你想催眠一位有教养的人，最重要的秘诀是，在事前不露痕迹地给他这样的暗示——知识水准越高的人越容易被催眠。那么不管这个人是否真的有教养，他都很容易被催眠。因为他为了证明自己是有教养的，会先迫使自己这么做。

所以，如果你对那些爱谈论时势的人说："像你这样通晓国际形势的人，一定对石油问题的发展了然于胸。"那么，你就能很容易地博得他的好感，胜利在望了。

3. 说出对方的优点

比如说，男人希望被赞美强壮，女人希望被赞美漂亮。你只要好好掌握这个原理，并且制造机会赞美他的强壮或她的美丽，那么你也很容易满足他或她的虚荣心，让他或她感到无比的高兴。

那么，对于根本就不强壮、不漂亮的人，该怎么办呢？可以赞美她"很有智慧""很善良""很善解人意"……同样，你也可以对不强壮的男人赞美他"很有能力""很有见解""很有个性"……总之，一定有办法可以找到让对方又满足又贴心的赞美词。

成为客户的知音

当某个人对事物的看法、对人生的态度等与你不谋而合时，你是不是有一种相见恨晚的感觉？因为看法一致，就意味着赞同这种看法。如果你能够成为某位客户的知音，那就相当于你牢牢地抓住了他。

美国著名的柯达公司的创始人伊斯曼，捐赠巨款在罗彻斯特建造了一座音乐堂、一座纪念馆和一座戏院。为了承接这批建筑物内的座椅，许多制造商展开了激烈的竞争，但是，找伊斯曼谈生意的商人们无不乘兴而来，败兴而去，一无所获。

当时，纽约高级座椅公司的总裁鲁姆斯·亚当森想得到这笔座椅订货。他和负责大楼工程的建筑师通了电话，约定在罗彻斯特拜见伊斯曼先生。

在见伊斯曼之前，亚当森仔细研究了伊斯曼的生平、爱好等，同时，有一位好心的建筑师向亚当森提出忠告："我知道你想争取到这笔生意，但我不妨先告诉你，如果你占用的时间超过了5分钟，那你就一点希望也没有了，他是说到做到的，他很忙，所以你得抓紧时间把事情讲完就走。"

亚当森被领进伊斯曼的办公室，伊斯曼正伏案处理一堆文件。

过了一会儿，伊斯曼抬起头来，说道："早上好！先生，有事吗？"

建筑师先为他俩彼此作了引见，然后，亚当森满脸诚意地说："伊斯曼先生，在恭候您的时候，我一直很羡慕您的办公室。假如我自己能有这样一间办公室，那么即使工作辛劳一点我也不会在乎的。您知道，我从事的业务是房子内部的木建工作，我一生还没有见过比这更漂亮的办公室呢。"

伊斯曼回答说："你提醒我记起了一样差点已经遗忘了的东西，这间办公室很漂亮，是吧？当初刚建好的时候我对它也是极为欣赏。可如今，我每来这总是盘算着许多别的事情，有时甚至一连几个星期都顾不上好好看这房间一眼。"

亚当森走过去，用手来回抚摸着一块镶板，那神情就如同抚摸一件心爱之物。亚当森说："这是用英国的栎木做的，对吗？英国栎木的组织和意大利栎木的组织就是有点不一样。"

伊斯曼答道："不错，这是从英国进口的栎木，是一位专门与细木工打交道的朋友为我挑选的。"

接下来，伊斯曼带亚当森参观了那间屋子的每一个角落，他把自己参与设计和制造的部分一一指给亚当森看。他还打开一只带锁的箱子，从里面拉出他的第一卷胶片，向亚当森讲述他早年创业时的奋斗历程。

伊斯曼情真意切地说到了孩提时家中一贫如洗的惨状，说到了母亲的辛劳，说到了那时想挣大钱的愿望，说到了怎样没日没夜地在办公室搞实验等。

"我最后一次去日本的时候买了几把椅子运回家中，放在我的玻璃日光室里。可阳光使之褪了色，所以有一天我进城买了一点漆，回来后自己动手把那几把椅子重新油漆了一遍。你想看看我漆椅子这活干得怎样吗？请上我家去，咱们共进午餐，饭后我再给你看。"当伊斯曼说这话的时候他们已经谈了两个多小时了。吃完午饭，伊斯曼给亚当森看了那几把椅子，每把椅子的价值最多只有1.5美元，但伊斯曼却为它们感到自豪，因为这是他亲自动手刷漆的。对伊斯曼如此引以为荣的东西，亚当森自然是大加赞美。最后，亚当斯轻而易举地取得了这笔座椅生意。

有很多可以令对方感觉到你是他知音的技巧，例如，当销售人员到了一个陌生的环境中，可以环顾四周，然后适当地加以赞美，"哦，您的房间真干净、清爽，我一直都希望有这样一个房间。""您家的摆设淡雅舒心，我非常喜欢。""您家古香古色、幽雅大方，和我喜欢的风格一样，我一直都很看不惯特别张扬的东西。"赞美必须由远而近、从物到人，由衷地发自内心的感慨，不能强装做作，更不能阿谀奉承。简单的赞美，就能感动人，就会使对方心花怒放，接受你的产品。

当看到一个十分顽皮的小孩，也许会心中生厌。但一名销售高手却会对他的母亲说："这孩子真是活泼可爱，和我的小女儿很像。"

"啊，这孩子很淘气！您也有这么大的孩子？养孩子真不是一件容易的事啊。"他的母亲也许会这么说。你的话已经勾起了她心中觉得很累又很自豪的那部分，说不定她还会跟你交流做父母的心得呢！

孩子是父母心中的"小太阳"，看到孩子，不论长相如何，也不管可爱与否，销售人员应该说的是："喔！好可爱的孩子！几岁了？……"这样一定能打开对方的话匣子，把小宝宝可爱聪明的故事说上一大堆。这种和谐的气氛自然能"融化"她的借口，顺利销售出你的产品。

小孩、宠物、花卉、书画、喜好等都可拉近双方的距离，客户的喜好是多种多样的，销售人员要广泛搜集，并进行研究，掌握其要点，以便对话时有共同语言。了解客户的喜好对销售的成功具有推波助澜的作用，销售人员必须善于利用。

懂得这些赞美原则并且善加利用的销售人员，一定会为他的生活和事业带来许多意想不到的好处。

销售人员请记住下面的话：从事销售的人，是与拒绝打交道的人；战胜拒绝的人，才是成功的销售人员。

倾听是一种无言的赞美

先看下面的一段对话：

销售人员：×××先生，通过观察贵厂的情况，我发现你们自己维修花的钱比雇佣我们干还要多，是这样的吧？

客户：我也认为我们自己干是不太划算，我承认你们的维修服务不错，但是毕竟你们缺乏电子方面的……

销售人员：对不起，请允许我插一句……不过有一点我想说明一下，任何人都不是天才，修理汽车需要特殊的设备和材料，例如，真空泵、钻孔机、曲轴……

客户：是的，不过，你误解了我们的意思，我想说的是……

销售人员：我明白您的意思，就算您的员工绝顶聪明，也不能在没有专用设备的条件下干出有水平的活来……

客户：现在等一下，×××先生，只等1分钟，让我只说一句话，如果你认为……

在这段对话中，销售人员几次三番打断客户的述说，这是销售中的一大忌。如果采用上述这种对话方式，销售成功是根本没有希望的。

英国克兰菲尔傅管理学院的麦克唐纳博士在他编撰的《神奇销售术》一书中，发表这样的看法："让客户充分表达他的异议，即使你知道他下一句要说什么，也不要试图打断他。对客户要有礼貌，要认真倾听他所说的，尽力作出反应，给予巧妙而非狡诈、装腔作势的回答。没有一个客户会喜欢自作聪明的销售人员，除非销售人员表现出对客户及其问题有兴趣，否则他永远不会赢得客户的信任。"

真正有效的倾听，不仅仅是耳朵的简单使用，而是和嘴巴、大脑的有效配合。尤其是嘴巴，因为许多人一直认为当别人说话时，闭起嘴巴才是有礼貌的表现。

倾听的要旨是对某人所说的话"表示有兴趣"。如果发言者谈论的内容确实无聊且讲话速度又慢，你可以转变自己的想法，所谓"三人行，必有我师焉"，设想倾听这场谈话或多或少都可使自己获益，那么在倾听别人谈话时就会自然流露出敬意，这也是有礼貌的表现。

某位职业经理人被一家大公司聘用担任销售经理。但是，他对公司具体的销售品牌和销售业务却是一窍不通。当销售人员到他那里去汇报工作并征求建议时，他什么答复都无法提供，因为他自己一无所知！

然而，这个人的确是一个懂得如何倾听的高手。当手下的销售人员问他问题，他都会回答："你自己认为应该怎么做呢？"那些人自然就会说出他们的想法和解决方案，他接着就点头表示同意，然后他们就满意地离开了。

他们都认为他是一个优秀的销售经理。

倾听是一门艺术。倾听的技巧就是在与对方谈话时聚精会神、全神贯注地聆听。当某个人到你的办公室来和你谈话时，你绝对不能允许任何事情分散注意力。如果你是在一个喧哗嘈杂的房间里和人谈话，你应当想方设法地让对方感觉到你们是在场唯一的两个人。

在交谈中，你的双眼应看着对方。尼克深深地记得被冒犯的一次亲身经历：尼克和他的销售经理正在共进晚餐，每次那位漂亮的女招待经过他身边时，销售经理的视线就会一直追随着她，直到看不见为止。尼克当时感到自己受到了莫大的侮辱，并愤愤不平地想道："那位女招待的腿显然要比自己说的话对他更重要。他一点都没有认真听我讲话，他完全漠视了我的存在！"为了清楚地听到对方的谈话，聚精会神、集中注意力是必要的，因为如果你的精力不集中，你就会心不在焉。

运用认真倾听法时，销售人员可以在适当的时候，以恰当的方式提出异议。要记住：千万不要打断客户的话，这是处理客户的购买异议、帮助客户更清楚地陈述自己的意见，以便解答对方异议时，首先要牢记的第一件事。

专心地听，努力地听，甚至是聚精会神地听，客户一定会有被尊重的感觉，因而可以拉近彼此之间的距离。

有一位汽车销售人员，经朋友介绍去拜访一位曾经买过他们公司汽车的客户。一见面，汽车销售人员照例先递上名片说："我是某某汽车销售人员，我姓……"才说几个字，他就被客户以十分严厉的口吻打断，并开始抱怨当初他买车时种种不悦的过程，其中包含了报价不实、内装及配备不对、交车等待过久、服务态度不佳……讲了一大堆，结果这位销售人员被他吓得一句话也不敢说，只是静静地在一旁认真地倾听。终于，等到他把之前所有的怨气一股脑儿说完，稍微喘息一下时，才发觉这个销售人员好像以前没见过，于是便有一点不好意思地回过头来对他说："年轻人，你贵姓呀，现在有没有好一点的汽车，拿份目录来看看吧！"30分钟过后，这个销售人员欢天喜地地吹着口哨离开，因为他手上握着两辆汽车的订单。

在这个成功的案例中，销售人员从头到尾恐怕讲了不到10句话，但是他却成功地完成了交易。原因就在于客户认为销售人员老实又很尊重自己，才买的车。

由此可见，倾听也是说的一部分，而且是相当重要的一部分。夸夸其谈的人不一定就是会说话的人，惜字如金也不一定就拙于言辞，关键是要会倾听，必要的时候，闭起嘴巴，只需竖起耳朵，反倒能把话"说"圆满。这就是说与听的辩证法。

一般人有两种心理状态：第一种，一个人作为一个独立的主体，他总是事事从自我的角度出发，他最喜欢的是他自己而非别人，他最爱谈论的便是自己，所以在谈话时不是倾听别人讲话，而是口若悬河地向别人讲自己的事。这是典型的自我中心主义者。第二种，不是很健谈的人，他的心理活动比较复杂，情绪变化较大。由于他沉默寡言，不开心的事情不愿讲出来，许多烦恼的情绪都被理智积压在心中。有时候，有了什么高兴的事情，也不喜形于色，不愿与人分享，也埋藏在心中，这种人表面上看起来不动声色，坚强沉着，内心活动却很激烈。因此，遇到一次宣泄的机会，而你正是他的朋友，你千万不能打断他，这时你所要做的事就是静静地倾听。在倾听的过程中，你们的友谊在加深，他对你的信任程度也在增加，你会因此而获得一份真诚的友情。因为当他发现你在认真地倾听他的话时，好感和亲近感便油然而生了。因为你已满足了他的需要，最重要的是，你从一开始便尊重他了。他在你的这种态度上找到了他的重要感、自信心。

在对方倾诉的时候，尽量不要打断对方说话，大脑思维紧紧跟着他的话走，要用脑而不仅仅是用耳听。要学会忧他而忧，乐他而乐，急他所需。这时候往往要配合眼神和肢体语言，轻柔地看着对方的鼻尖，如果明白了对方诉说的内容，要不时地点头示意。必要的时候，用自己的语言，重复对方所说的内容。例如，"你刚才所说的孤独，是指心灵上的孤独，所以你在人越多的时候，越感到孤独，不知道我对你理解的是否正确？"（要鼓励对方继续说下去）

做一个合格的倾听者应当掌握的4个要点是：注意、接受、引申话题和欣赏。

1. 注意

倾听时，眼睛注视说话的人，将注意力始终集中在别人谈话的内容上，给予对方一个畅所欲言的空间，不抢话题，表现出一种认真、耐心、虚心的态度。

2. 接受

交谈时，通过赞同的微笑、肯定的点头，或者手势、体态等作出积极的反应，表现出对谈话内容的兴趣和对谈话方的接纳与尊重。

3. 引申话题

通过对某些谈话内容的重复和对谈话方情感的感同身受，或通过提出某些恰当的问题，表现出对谈话内容的理解，同时帮助对方完成叙述，从而使话题进一步深入。

4. 欣赏

在倾听中找出对方的优点，表示出发自内心的赞美，给予总结性的高度评价。欣赏使沟通变得轻松愉快，它是良性沟通不可缺少的润滑剂。

赞美是一种艺术

美国有一位百科全书销售人员是这样做的：当客户露出一点点购买意向时，他立即把客户的孩子们叫过来，对他们说："知道吗？你们的爸爸真好！为了让你们学好知识，现在就开始给你们准备最好的书。你们要记住，你们有一位真心爱你们的好爸爸！"客户被这种气氛所感染，同时也心存感激，成交自然是顺理成章的了。这样的赞美高手，其功力已达到炉火纯青的地步，谁会不愿意做他的回头客呢？

曾经有一段时间，戴尔·卡耐基想把自己旧的公寓租出去，所以很想了解有关租屋的事宜，在此之前，他曾是不动产的支持者，总认为拥有自己的房子最好，为了了解租屋的相关事宜，卡耐基造访了一家房屋中介公司。

"我想询问有关租屋的规定……"

经理的回答却出乎卡耐基的意料之外："您是卡耐基先生？您是不是曾经写过书的那位戴尔·卡耐基先生？"

"是的，我出版过一些书籍，怎么啦？"

"真的是您啊！刚接到您的电话时我就在想这个名字好像在哪听过，果然让我猜中了。您就是《人性的弱点》一书的作者吧？请您稍等一下。"

说完他走进自己的办公室，不一会儿就手里拿着卡耐基写的书走过来。

"让您久等了，是这本书吧？"

"是的，您能够拜读拙作，我实在感到万分荣幸！"

"您太客气了，以前我虽然反应快，但却没有比较出众的口才，无意中我在书店发现了您的作品，觉得这本书写得相当不错，内容既浅显易懂又具体，给我很大的帮助。今天能够在这里见到您真是我的荣幸！"

"承蒙夸奖，我也很荣幸能够结识您，拙作能够对您有所帮助是我最大的快乐，谢谢您的指教！"

"您今天是想了解公寓出租的规定吧？让我们先来看看现今房屋市场的状况好吗？请容我向您介绍一下最近的情况。"

"麻烦您了，我洗耳恭听！"

于是这位经理向卡耐基详细介绍了房屋市场的现状，最后他向卡耐基提出建议："从长远的角度看来，我认为您与其出租房子不如把房子卖了。因为公寓将来是肯定要改建的，而且目前公寓供需并不太平衡，在这种情况下如果还紧紧抓住它不放，绝对不是一个明智的选择。不知您的看法如何？当然，若您真想把它出租，我也一定能为您找到一个好房客的。但我认为……噢，当然，一切还是由您自己决定比较好！"

"我明白了，请让我考虑一下好吗？"

要知道，长久以来卡耐基可是个忠实的不动产持有论的支持者，但听完经理这一席话，卡耐基动摇了。经过一个晚上的考虑，卡耐基决定听从经理的建议：卖掉房子！

赞美人人都会，但未必每个人的赞美都能做得恰到好处。只有最恰当、合适的赞美才能达到你预想的目标，才能为你的事业带来意外的收获。因此，赞美不应是盲目的，赞美也是一种艺术。

对于社交活动中的参与者而言，恰到好处地赞美他人并对赞美技巧运用自如，是一个人交际能力趋于成熟的标志之一。

赞美他人是一种艺术性表达行为。它必须具备以下先决因素：

（1）态度要真诚，不可虚情假意，以免对方认为你言不由衷或勉强应付，从而产生怀疑和排斥心理；

（2）言谈举止应得体，不可信口胡诌或指手画脚，以免对方认为你夸夸其谈或别有用心，从而产生抗拒或逆反心理；

（3）赞美内容要适度，不可堆砌词藻或言不及义，以免对方认为你有意奉承或故意讽刺，从而产生厌烦不快心理；

（4）观察应仔细，要尽力摸清对方情况，如兴趣、爱好、性格等，以及言谈举止流露出来的相关信息，然后表达赞美之意。不能不切实际地草率行事，以免对方无法适应感到诧异或尴尬，影响交流的展开。

之所以说赞美是一种艺术，主要表现在赞美有很多的技巧。

赞美他人的技巧可谓因人而异、因时而变，可以直接赞美，可以间接赞美，也可以侧面渲染、烘托。在社交活动中，主要有以下3种。

1. 赞美对方最看重的地方

每个人都各有所好，各有所长。应抓住对方最重视、最引以为豪的东西（如服饰、优点、见解、表达优势等），将其放到显明的位置，有的放矢地加以赞美，才能最大限度地满足对方心理需要。

"投其所好"是抓住对方兴趣与注意的有效赞美方式，只要不违背常理，它有利于话题的展开与深入。

注意细节，突出赞美对方的用意或闪光点。

一个人的细节修饰往往意味着用心良苦之所在。其实，他之所以在细节上花费时间、心血和投入精力，既表明个人对此的重视和偏爱，也表明对方对为此付出努力而获得应有肯定的渴望。同对，细节的处理与讲究也是他参与交际的积极性表示。

在社交活动中，交际双方应善于观察并发现对方细节的闪光点，并予以强调性的赞美和感谢，回报对方的努力与尽心，"投桃报李"，不仅使对方产生巨大的心理满足，而且使双方加深彼此心灵的默契。

2. 使用反语，幽默地赞美对方

反语是情感性极强的表达技巧，幽默是极富亲和力的个人智慧。

在社交活动中，故意使用反语，寓褒于贬，表达自己对他人能力、成绩或行为、态度的"不满""嫉妒情绪""批评""抨击"，于轻松活泼的气氛中流露羡慕、赞赏之意，让人会心而笑，并产生自我价值的满足感和优越感；同时，也让人对这种知音知遇之举作出积极回应，这有助于说话氛围的融洽和人际关系的友善和谐。

故意贬低自己，反衬对方高明之处或优势所在。

社交活动中的自谦、自贬等低姿态行为，也可以起到赞美对方的作用。

"相形见绌"，适当压低自己的才能或优势在无形中抬高对方，以自己的普通甚至浅陋、低劣来突出对方的相对高明、优秀和出色，这种巧妙的"人比人"技巧，既能成功地赞美对方，使其心情舒畅，又能给对方的心中留下为人谦逊的好印象，从而推动友好交流愉快地进行和深入。

3. 用事实或借助他人之口赞美对方

在赞美他人过程中，为了避免阿谀吹捧之嫌，往往可以采取"用事实说话"、借权威评价等方式，来增强赞美的感染力和说服力。

具体而言，从实际生活中提取事例，证明对方的优异表现以及行为的意义和影响，将赞美之情寓于朴实生动的事实之中；或引用权威人士以及他人的言论来评价对方，间接地满足对方的自豪感、荣誉感和自信心，给人以鼓舞欣慰的感觉。

说赞美是一种艺术并不为过，如果将赞美的力量发挥得恰到好处，那么不论对方是什么样的人物，你都可以赢得他的心。因为人的人性和心理都是相似的。

记住别人的名字

有一位经营美容店的老板说："在我们店里，凡是第二次上门的，我们规定不能只说'请进'，而要说，'请进！×小姐（太太）。'所以，只要来过一次，我们就存入档案，全店人员必须记住她的名字。"

如此重视客户的姓名，使客户感到备受尊重，走进店里颇有宾至如归之感。因此，客户越来越多，生意越加兴隆了。

安德鲁·卡耐基被人誉为钢铁大王，但他本人对钢铁生产所知无几，他有几百名比他懂行的人在为他工作。他致富的原因是什么呢？他知道怎样利用客户的名字来赢得客户的好感。例如，他想把钢轨出售给宾夕法尼亚铁路公司，当时，那家公司的总裁是齐·埃德加·汤姆森，卡耐基就在匹兹堡造一座大型钢铁厂，并取名为"齐·埃德加·汤姆森钢铁厂"。这样，当宾夕法尼亚铁路公司需要钢轨的时候，就只从卡耐基的钢铁厂购买。

在任何语言中，对任何一个人而言，最动听、最重要的字眼就是他的名字。

当你走在陌生人群中，突然听到有人呼唤你的名字，什么感受？兴奋！假如这个能叫出你名字的人是曾经向你销售过某种产品的人，这丝毫不影响你的愉快心情，只能加深对他的好感。这种销售技巧被人们叫做记名销售法则。真心地向客户请教，会使客户认为在你心目中他是个重要人物的最好办法，既然你如此看得起他，他是不会不给你面子的。

难道你比罗斯福和拿破仑三世还要忙吗？当然，你没有。

但是，你为什么记不住别人的名字呢？

罗斯福总统知道一种最简单、最明显、最重要的能博得好感的方法，就是记住别人的名字，使人感到被重视。曾经发生过这样一件事：克莱斯勒公司为罗斯福制造了一辆汽车。当汽车送到白宫的时候，一位机械师也去了，并被介绍给罗斯福。这位机械师很怕羞，躲在人后没有和罗斯福讲话。罗斯福只听到他的名字一次，但当他们离开的时候，罗斯福寻找到这位机械师，和他握手，并叫着他的名字，谢谢他到华盛顿来。机械师深受感动，数年以后还经常提起这件事。

拿破仑三世（即拿破仑的侄子）曾自夸说，虽然他国事很忙，但他能记住每一个他所见过的人的姓名。所以你要知道，记不住客户的名字，忙是最蹩脚的借口。

当然，记住客户的名字，并不是一件轻而易举的事，需要下一点工夫，还得有一套行之有效的方法。一般要想把名字和面孔正确配对，需要有如下5种技巧。

1. 正视别人

现代社会里人际关系越来越疏远，甚至有些人还会认为正视别人是不礼貌的事。为了增进记忆人名的能力，必须克服这些感觉。当你正视对方时，对方会感到激动，因为正视对方表示对他很感兴趣，因而对方也会记住你。

2. 注意对方特征

当把注意力集中在对方的面孔上时，尽量找出有关的资料记忆。人有多方面的特征，有外型的特征，如眼睛特别大、胡子特别多、前额很突出等；也有职业上的特征、名字上的特征等。把这些特征联系起来，记住名字就没有那么难了。要找出特殊之处，如浓眉、塌鼻子、红色的头发或者有伤痕。卡通或漫画最能将个人独特之处借简单的两三笔线条表示出来。假如能发展这种能力，对识人本领将有莫大的帮助。

3. 认真记忆

记住别人的名字有时相当困难。也许某人能在短时间之内记住10张面孔，却无法同时记住10个姓名。在宴会中，主人总是匆匆忙忙地介绍每位客人，往往你还没来得及注意，介绍已经完了，这样便无法记住每个人的姓名及其特征。有时候只有请介绍者介绍得慢一点。若是可行的话，你不妨主动走到别人面前对他说："刚才介绍得太快了，我实在无法记住你的名字。我叫×××，你呢？"这样你就有机会记住对方的名字，并且试着找出这个人的特点。

4. 特色记忆

找出姓名的特色可从下面3点考虑：

一是这个名字是否与众不同或很有趣；

二是这个名字是否很普通；

三是名字和你所看到的面孔配不配。

最重要的是把注意力放在名字上。假如你听到一个名字能够把它以句子的形式复述出来，对记忆将大有帮助。比如说，"布朗先生，真高兴认识你"，把注意力直接放在姓名上，并且把名字和面孔进行比较，有助于把姓名和面孔联系在一起。

5. 多与客户接触

见面的次数多了，你想忘记都难了。

不妨试试看，也许你想象不到记住客户的名字对你征服人心有多么大的帮助。

被人记住姓名，可以满足人性的最基本需要——感觉自己重要，以及受到别人的接受和尊重。

记住人名，是提高自己对别人影响力的一种手段。

据说俄罗斯前邮政总局局长杰姆·弗雷有惊人的记忆人名的能力，他能记住4 500多人的姓名，因此常常令人倍感亲切。虽然一般人不必表现出这种卓越的记忆力，但是一定要能叫出经常往来的客户，以及常相往来朋友的姓名。

记住你客户的名字，这将充分表现出你对他的重视。人们通常推崇礼尚往来，你重视他，他自然也会重视你。

最容易让人接受的赞美

赞美不能盲目，并不是任何赞美都是人们可以接受的。

你可以这么说："小王，你的年终报告写得真好！"

而最好不要这么说："小王，你是我们当中最好的职员。"

以下是5种最容易让人接受的赞美方式。

1. 雪中送炭

俗话说："患难见真情。"最需要赞美的不是那些早已功成名就的人，而是那些因被埋没而产生自卑感或身处逆境的人。他们平时很难听到赞美的话语，一旦被人当众真诚地赞美，便有可能振作精神，大展鸿图。因此，最有实效的赞美不是"锦上添花"，而是"雪中送炭"。

此外，赞美并不一定总用一些固定的词语，见人便说"你真厉害"，有时，投以赞许的目光、做一个夸奖的手势、一个友好的微笑，也能收到意想不到的效果。

2. 合乎时宜

赞美的效果在于相机行事、适可而止，真正做到"美酒饮到微醉后，好花看到半开时"。

当别人计划做一件有意义的事时，开头的赞美能激励对方下决心作出成绩，中间的赞美有益于对方再接再厉，结尾的赞美则可以肯定成绩，指出进一步的努力方向，从而达到"赞美一个，激励一批"的效果。

3. 具体详细

在日常生活中，人们有非常显著成绩的时候并不多见。因此，交往中应从具体的事件入手，善于发现别人哪怕是最微小的长处，并不失时机地予以赞美。赞美时越具体明确，其有效性就越高。含糊其辞的赞美会引起误会。空泛、含混的赞美因为没有明确的评价原因，常使人觉得不可接受，并怀疑你的辨别力和鉴赏力；而具体的赞美因是有所指的，会让人听起来觉得更加真诚友好。

西方有句俗谚说："每天早晨猛夸你的朋友，还不如诅咒他。"培根也这样说过："即使是好心的赞美，也必须恰如其分。"所谓恰如其分，就是要避免空泛、含混、夸大，而要具体、确切。赞美别人时不一定非要是一件大事不可，别人的一个很小的优点或长处，只要你能给予恰如其分的赞美，同样能收到好的效果。

例如，赞美一位证券经纪人买卖证券的能力，对他不会产生任何影响，甚至他很可能认为你仅仅是在奉承他，因为他作为一名证券经纪人的成功是显而易见的。但是，如果你赞美他在木炭上烘烤牛排的方法，他会很高兴。你赞美别人一些不突出的优点，人们会对你的赞美感到更加兴奋不已，其原因便是你记住了赞美他人必须注意的具体的原则。所以，当你要赞美一个人时，如果确实从他身上找不出他的具体的优点或长处，你不妨转而赞美他的爱人、小孩，甚至是家具的摆放，只要是具体的就行。

4. 见什么人说什么话

人的素质有高低之分，年龄有长幼之别，因人而异，突出个性，有特点的赞美比一般化的赞美能收到更好的效果。

老年人总希望别人不忘记他以前的业绩与雄风，与其交谈时，可多赞美他引为自豪的过去；对年轻人，不妨语气较为夸张地赞美他的创造才能和开拓精神，并举出几点实例证明他的确能够前程似锦；对于经商的人，可赞美他头脑灵活，生财有道；对于有地位的领导，可赞美他才能出众；对于知识分子，可赞美他知识渊博、宁静淡泊等，当然这一切要依据事实，切不可虚夸。

5. 不能毫无根据地赞美

赞美绝不是阿谀奉承。如果你的赞美毫无根据，只是说："你真是太好啦"或者"我对你的佩服如滔滔江水连绵不绝"之类的话，恐怕没有人会认为你真的是对他们充满了善意。

第四会说巧妙话

练好销售金口才，天下生意上门来

话语一到卖得快，

嘴上功夫好，生意跑不了。

不怕产品不抢眼，就怕销售不到位；

不怕产品卖得贵，就怕口才不到位。

四两拨千斤的销售口才艺术，教你成为

一流销售高手，卖得好还需说得巧！

所谓的巧妙话是含有一定技巧性的语言表达形式，同时辅以情感、神态、动作、语调等的帮助，包含着真诚动机的一种销售话术。不虚伪、不脱离道德规范。巧妙话表达越明晰、越确切、越执著，对方的感知与理解力就越强，从而满足客户的某种心理需要。

　　有人说："高尚的语言包含着真诚的动机。"

　　在现实生活中，不论是绝对的真话还是假话，有时候都可能让人厌恶。待人处世时要讲究真诚，但说话却需要讲究技巧。听巧妙的话语如沐春风，听恶劣的话语如入寒冬。说巧妙话是一种艺术，是为人处世的艺术，在商业交往中也同样有用。

　　在销售过程中，如何利用巧妙话，让不利的尴尬局面变成有利的销售局面，是一门非常难的艺术，也是非常宝贵的一种财富。

生活中的巧妙话无处不在

但丁说过："语言作为工具，对于我们之重要，正如骏马对骑士的重要。最好的骏马适合于最好的骑士，最好的语言适合于最好的思想。"

在现实生活中，有时候需要说的真话可能会非常难听，让对方难受，所以，会说话的人往往会巧妙利用人们的心理，既不伤害对方，又能达到自己的目的。

有一个小男孩，在父母的教导下总是显得非常有礼貌，遇到好吃的食物也知道要谦让别人，周围的人们都夸他聪明懂事。有一天，家里来了一位客人，小男孩也和平常一样将最大的苹果送给客人吃，客人一边赞美他，一边接过了苹果。可是当这位客人刚刚咬下第一口苹果的时候，小男孩"哇"的一声哭了出来，边哭还边说："你凭什么吃我的大苹果？你凭什么吃我的大苹果？"客人在莫名其妙的同时也尴尬万分。原来，从前家里来的客人只是接过食物之后就重新放回盘子里，很少有人真的去吃它。男孩也就养成了习惯，可是，这次他自己喜欢的食物却真的被别人占有了，他自然不愿意接受这个事实。

可见，在生活中，要处处给自己留有余地，如果太过于老实地说出对自己不利的真话或者作出绝对真实的举动，通常就会出现尴尬。

《最后一片叶子》是美国作家欧·亨利的一篇短篇小说，它的故事是这样的：

在某医院的一个病房里，身患重病的病人房间外有一棵树，树叶被秋风一刮，一片一片地掉落下来，病人望着落叶萧萧、凄风苦雨，身体也随之每况愈下，一天不如一天。她想："当树叶全部掉完时，我也就要死了。"一位老画家得知后，被这种悲泣深深打动了，他用画的树叶装饰树枝，使那位濒临死亡的女病人坚强地活了下来。

在日常生活中，也不乏这样的事例。作为医生，面对一个生命垂危的重症患者，经常会宽慰病人说："只要配合治疗，很快就会康复。"而几乎没有一个医生会对病人说："你根本没有希望了，很快就会死。"

同样，作为病人的亲友，在去探望病人时，即使知道他活不了几天了，也要与医生巧妙配合，让病人满怀信心地接受治疗。因为生命本身有时是会创造奇迹的，即使没有奇迹出现，让病人充满希望地多活两天也是一种人道精神的表现。这个时候，巧妙的话语就起着决定性的作用！

在教育方面，巧妙话会对人产生积极的影响。

大学老师经常要给自己的学生写推荐信，这些推荐信可能是用来向国外学校申请奖学金，也可能是用来到人才市场上参与激烈的就业竞争，如果学生的确是顶尖的人才，那便不必多说，照实写出来就是了。倘若老师诚恳地指出该学生不是出类拔萃的顶尖人才，通常接受推荐的一方就可能理解为该学生是个差劲的学生。如果这样做，他可能会伤害这个学生，使其失去深造的机会或难以找到工作，甚至对其一生的命运都会产生不良后果。所以，老师提笔写推荐信的时候，必定在其中巧妙回避或减少对学生不利的一面，而稍稍夸大学生的成绩和能力。

教育学家通过研究发现，老师如果善用美好的言语鼓励学生，学生则会树立信心，并且真正有所进步。有人做过这样的试验：

把能力相当的初一年级学生分成三个小组，第一组经常给予表扬与赞美；第二组经常给予责备和批评；第三组既不给予表扬和赞美，也不给予责备和批评。

给三个小组做相同难度的数学练习题，实验时间为一个星期，实验得出的结论是：第一组学生的成绩在不断上升；第二组学生一开始有进步，中途就停滞不前了，学习效果不好；第三组学生前三天成绩上升，以后成绩变得直线下降。可见，巧妙的语言能激发学习兴趣，使学生成绩上升。

还有这么一个故事：

王员外家添了个孙子，在满月酒的那天，来了许多庆贺的宾客，大家都看着孩子在有意无意地闲谈。

李秀才说："令孙将来一定福寿双全，飞黄腾达，富贵荣华，光宗耀祖！"

罗秀才说："人都是一样的，这孩子将来也会长大、变老、死去！"

李秀才受到热烈的欢迎，被奉为上宾，而罗秀才则受到客人的鄙视，遭到主人的嫉恨与冷遇。

难道罗秀才说的不是实话吗？当然是实话，可是实话是不中听的；相反，李秀才说的话极其巧妙，讨得了主人的欢心，因为主人正是这么期望的。

礼节性语言和奉承话在生活中是必不可少的，它可给人们的幻想与虚荣心带来极大的满足，巧妙地说与对方听，让对方觉得自己在别人的生活中是受到尊重与重视的，便能使对方高兴，从而拉近彼此的距离。

生活中既是如此，商场上更不必说了。

巧妙话的巧妙处

在一次贵阳举办的中国国际名酒节上，外省的一家经贸公司与贵州一家酒厂谈判，酒厂就成功地运用了这个方法。该公司欲订购白酒10吨。但贵州的酒厂如林，名酒如云，竞争相当激烈。究竟订哪家的？委实举棋难定。

他们在与这家酒厂洽谈时，对这么一宗大生意，厂家掩藏起内心的兴奋，平静而又抱歉地说："对不起，我们今年的货早已订完了。已开始订明年的，如果你们需要，我们设法明年给你们早一些安排。"听了这话，公司很意外，说："是吗？前天你们不是还在大拉客户？"厂家随即真诚地说："商场如战场，你们是聪明人，会不懂那是我们的一种策略？众所周知，我们的酒是根本用不着'拉'的；更何况过了一天，情况还会不变？这不，今天一清早，广东一家公司将今年的最后一批10吨全部订完。你们如果不信可以去问问他们！"这么一说果真有效，公司有些急了，忙说："是的，听说你们的酒好，我们才慕名而来。我们来一趟也不容易，能不能通融一下，先订给我们一些？"

厂家故作为难状。

公司更加着急，好话说了一大堆。厂家这才以为对方着想的口吻说道："既然你们要与我们长期合作，考虑到我们的长远利益，我们可以跟其他客户商量，请每家匀出一点，给你们凑足10吨。"

公司大喜，厂家更大喜了。

厂家巧妙地利用了酒好、订单已满这一看似真诚的巧妙话，来吸引经贸公司的注意，从而做成了生意。在实际销售中，经过周密思考的巧妙话，往往更有可信度。而要想让这种真实的效果真正发挥出它的作用，就需要巧妙把握好两个步骤。

1. 合情合理

在你组织巧妙话的时候，要尽量显得合情合理，符合当时、当地、当事人的实际情况，不能差距过大。

在《三国演义》中，张松欲献四川地图给曹操。曹操看不起矮小、貌陋的张松，拂袖而去。曹操的主簿杨修是一位能言善辩的人士，斥责张松的同时，傲慢地声称曹丞相具有雄才，并出示曹操撰写的兵法书籍《孟德新书》来佐证。谁知张松博闻强记，将书接过看了一遍，便熟记于心，而后大笑道："这本书连我们蜀中的三尺小童，都能够背得，你怎么能说是'新书'呢？这是战国时无名氏所做，曹丞相盗窃以为己有，也只能骗得了你这样的人物！"杨修驳斥说："丞相私藏的书，虽然已经成帙，但是并没有流传开来。你说蜀中小儿暗诵如流，是在欺骗我吧。"张松立即表示："你如果不信，我现在就背给你看。"于是将《孟德新书》从头至尾背诵一遍，并无一字差错。杨修大惊，得知此事的曹操也纳闷："莫非古人与我暗合？"竟然下令将这本书撕碎之后烧毁。让杨修领张松来见他。

在这场交锋中，张松之所以能够灭曹操、杨修的傲慢气焰而获胜，就在于成功地利用了自己的记忆力，从而巧妙地编造了一种"真实"，使对方不得不相信。

2. 态度诚恳

虽然在销售过程中最重要的表达形式是言语，但同时，情感、神态、动作、语调等也起着非常重要的作用。客户对你巧妙话内容的接受程度，取决于对你表达的感知与理解的深浅。你态度越诚恳，表达越明晰、越确切、越执著，客户的感知与理解力就越强。因此，摆在自己面前的事是，要千方百计地调动客户的情感，使他对自己建立起足够的信任，没有任何怀疑的余地。同时，还要让客户明白：如果不相信你所说的，那么便会给自己带来麻烦；只有相信你所说的，自己才能获得利益。迫使客户只能"相信你所说的"，这是一种销售策略。

为了更有效地运用巧妙话，还可以利用人们对共同点具有的认同心理。站到客户的角度，设身处地为客户的利益说话，使客户感到自己是为他好，双方的利益是一致的，并适当使用一些缓解对方警惕性的言语。如诸葛亮的"事须三思，免致后悔"；如现代社会的"考虑到我们双方的利益""这是人人皆知的""早就如此""聪明的人都会这样做"之类。如此，客户的防线最终会崩溃，自然会相信你所说的话。

巧妙的言语还要配合巧妙的行动

在动物的世界里，"示假隐真"是很重要的生存法则。

有一种瓢虫，当你用手碰它时，它就停止不动，连脚都缩了起来，任凭你怎么拨弄它，它就一副已经死去的样子，可是过了一段时间后，它又开始爬了。

有一种鸟，在它孵卵的时期，若有外敌入侵，它会先佯装与外敌搏斗，翅膀扑了几回后，便假装受伤，跌跌撞撞地"败走"。外敌受到这个动作的吸引，会过去追逐这只败鸟，等外敌远离鸟巢，"败鸟"立刻迅速逃走，于是巢中的卵获得保全。

正是通过这种制造假象的动作，动物才能世代繁衍，维持起码的生存空间。同样，在人类社会中，"示假隐真"也有利于保存实力和争取先机。

明朝皇帝朱元璋性情暴躁，杀人如麻，大批功臣宿将都被他所杀。但皇太子朱标却是个仁慈的人，见父皇乱杀人，心里很不赞成。

有一天，朱元璋让御史袁凯送案卷给太子。太子接过案卷一看，见父皇又要杀许多人，心中很难过。他叹了口气只在案卷上写道："父皇陛下，依儿臣之见，以仁德结民心，以重刑失民心。望父皇三思。"

朱元璋看后脸色一沉。他突然问袁凯："朕要杀人，太子要从宽，你说谁对？"

袁凯听到皇上发问，急得直冒冷汗，但他聪明过人，于是忙叩头答道：

"微臣愚见，陛下要杀，乃是执法；太子要赦，乃是慈心，都有道理。"

这一答，满朝文武无不暗暗称赞，朱元璋也暗暗称是。

当袁凯和文武百官刚松了口气，却猛听朱元璋手拍御案，怒气冲冲地站了起来，指着袁凯骂道：

"你这老滑头，竟敢在朕面前两边讨好。我先斩了你，看还有谁敢在朕面前花言巧语！"

百官立即被吓得手足无措，连忙下跪替袁凯求情，袁凯这才没有被朱元璋杀掉。

袁凯退朝回到家里，饭也没吃，倒头便睡。他的妻子见此便问究竟出了什么事。

袁凯将在朝中所发生的事一说，伤心地叹了口气说："君要臣死，臣不得不死。今日虽躲过，难逃明日。"

妻子愤恨地说："看来今日朱皇帝和秦始皇差不多了。"

"秦始皇？"袁凯忽然想到秦二世逼要赵高女儿赵艳容，赵艳容装疯的故事。

从此，袁凯再没有上朝。百官都不明原因，朱元璋就派人去袁家查看。

谁知，袁凯竟然疯了！

有人向皇帝启奏，说袁凯喜怒无常，砸锅摔碗，打人骂人，乱蹦乱跳，胡言乱语。后来袁凯被绑上殿，也是披头散发，满脸黑灰，衣衫被撕破，浑身沾满了粪污。到殿上，他呆呆直立，不参不拜，不禀不报，两眼向上翻。

朱元璋见状，无可奈何地说道："这老儿真疯了，带出去吧。"

后来，朱元璋听说袁凯在家里也是趴在地上又滚又叫，手里捧着一团屎往嘴里塞，笑着说："也罢，不管这老儿真疯假疯，既吃屎，就当他真疯了。"

袁凯料定朱元璋绝不会轻易放过他，会派亲信前来察看，便事先叫妻子用炒面拌糖水做成屎状，放在篱笆旁。亲信以为他真的把屎吃掉了，时间一长，袁家人呈报回乡养病，朱元璋也不愿意再给疯子发俸禄，也就准了。袁凯用装疯这一招捡得一条命，回到自己的故乡，得了个善终。

一家美国公司要与日本公司合作一个项目，一开始，美国人就咄咄逼人地开始了产品宣传攻势。他们在谈判室内张贴了许多挂图，还印制了许多宣传资料和图片。他们用了两个半小时、三台幻灯放映机来放映好莱坞式的公司介绍。他们这样做，一是要增强自己的谈判实力，二是想向三位日方代表做一次精妙绝伦的产品简报。在整个放映过程中，日方代表静静地坐在那里，全神贯注地观看。

放映结束后，美方高级主管不无得意地站起来，扭亮了电灯，笑容里充满了期望和必胜的信念。他转身对三位显得有些迟钝的日方代表说："请问，你们的看法如何？"

不料一位日方代表却礼貌地微笑着说："我们还不懂。"这句话大大影响了美方高级主管此时的心情，他的笑容随即消失。

美方高级主管问道："你说你们还不懂，这是什么意思？哪一点你们还不懂？"

日方代表有礼貌地微笑着回答："我们全部没弄懂。"

美方高级主管压了压火气，再问对方："从什么时候开始你们不懂？"

日方代表严肃认真地回答："从关掉电灯，开始幻灯简报的时候起，我们就不懂了。"

美方高级主管感到了严重的挫败感。他灰心丧气地对日方代表说："那么，你们希望我们做些什么呢？"

日方代表异口同声地回答："你能够将简报重新来一次吗？"

美国公司精心设计安排的幻灯简报，满以为日方代表会赞叹不已，从而吊起他们花大价钱购买的胃口。可是正当美国公司为他们的谈判技巧和实力沾沾自喜的时候，日方代表的"愚笨"和"无知"使他们突如其来地感到沮丧，而且日方代表还要求重新放映幻灯片，这种拖延时间的办法，又使他们的沮丧情绪不断膨胀。等到双方坐下来谈判的时候，美方代表已毫无情绪，只想速战速决，尽早从不愉快中解脱出来。谈判结果自然是对日方有利的，三个日方代表正是凭着他们看似真诚的巧妙行动为谈判争取到了有利的一面。

阿亮和阿伟一起去拜访一位教授，那个教授为人严肃，平时不苟言笑。坐了半天，除了开头说了几句应酬话，剩下的只是让人尴尬的沉默。

忽然，阿亮看到他家养的热带鱼，色彩斑斓。他知道这鱼叫"地图"，自己也养了几条，还很得意地为朋友阿伟介绍过。阿伟见他目不转睛地看，心里纳闷。教授见阿亮神情专注，就笑着问："还可以吧？才买的，见过吗？"阿伟刚想开口，阿亮却抢先说："还真没见过。叫什么名字？我也打算养几条呢！"阿伟更加不解地看着他。

教授一听，来了兴致，神采飞扬，大谈了一通养鱼经，阿亮听得频频点头。那位教授像是遇到了知音，说说笑笑，如数家珍地给他讲每条鱼的来历、名称、特征，又拉着他到书房看他收集的各类名贵热带鱼的照片，气氛顿时活跃起来。他们本来打算坐坐就走，不料教授一再挽留，直到晚饭后才让他们走，临走时还硬塞给阿亮几条小鱼。

本来几乎陷入僵局的交谈，在阿亮巧妙的伪装下顺利地进行。如果阿亮就"热带鱼"的问题实话实说，那场面可能就会继续尴尬下去，教授也不会有如此高的热情。

在生意场上，利用巧妙话巧妙的伪装能够迷惑客户，从而尽可能多而快地把自己的产品销售出去。

说巧妙话是一种销售技巧

生意场上的巧妙话并不是人人都能说得了的，这需要有一定的技巧与经验。

1. 态度诚恳，语言亲切

说话本身就是用来传递思想和表达感情的。因此，说话的神态、表情至关重要。例如，当自己有求于人时，应诚恳有礼貌地陈述自己的请求，表示感谢之情。即使对方无法帮助自己，也不能表露出不愉快的神情，仍应诚恳地向对方表示感谢之情。如果在请求别人时，嘴上说得十分动听，得不到满足时就冷若冰霜，对方一定把你当作不懂礼貌的人。另外，与人说话时，要多用敬语，可称对方"您""先生"等，而对自己则多用谦语，可自称为"愚""学生"等。

2. 语调平和，声音适中

无论在室内还是室外，与人说话的声音不必过高，只要对方能听清就行，而声调要尽可能地平和沉稳。不要一和别人对话，就加大嗓门，或者有意无意地加上一些"啊""嗯"之类的语气词。只要注意克服以上所述的毛病，说话就会使对方感到自然、亲切，也就显得比较有礼貌了。

3. 举止端庄，措辞讲究

在与人说话时，不要故作姿态，更不要"皮笑肉不笑"，给人以虚伪的印象。要让对方感到自己热情、实在、值得信任。因此，说话时的动作要适度、端庄，在必要时可做些手势。如果坐着说话，手不要搭在邻座的椅背上，腿不要乱跷、乱晃、随便颤抖，更不要一边说话一边修指甲、剔牙齿、挖耳搔痒等。

4. 自信谨慎，先思后言

自信能增强说话的语气，使对方感觉到你的实力。每当说话之前，应对自己所要说的话稍作思考。这里所说的思考，有两层含义：一是知己知彼，即一方面对自己的性格、脾气、心境有个正确的估计，设置自我"警戒线"；同时对对方的个性、爱好、兴趣等有一个大概的了解。二是对说话本身有准备，即说话的内容、方式、语言、声调等。

5. 区分对象，因人而异

任何交际都不能离开特定的对象。与人说话，必须根据对象的实际情况，如年龄、身份、地位、文化教养、性格、彼此间的关系等，来恰当地表达。俗话说："射箭要看靶子，弹琴要看对象。"如果说话不看对象，就难免事与愿违。

具体地说，对不同的对象说不同的话，要考虑以下6个方面：

（1）根据性别的差异。对男性，可以采取较强有力的语言；对女性，则应当温和一些。

（2）根据年龄的差异。对年轻人，可以采用鼓励性的语言，以调动他们的激情；对中年人，应该讲明利害得失，以供他们斟酌；对老年人，应以商量的口吻，尽量表示尊重的态度。

（3）根据性格的差异。若对方性格直爽，便可以单刀直入；若对方性格内向，则要委婉含蓄一些；若对方生性多疑，切忌处处表白，应该不动声色，使其疑自消。

（4）根据文化程度的差异。一般来说，对文化程度较低的人，应采用通俗易懂的语言、简单明确的说法，多运用一些具体的数据和实例；对文化程度较高的人，则可以采用抽象的语言，特别是富于哲理的语言，更受欢迎。

（5）根据兴趣爱好的差异。对一个球迷，只要你一提起打球的事，他都会眉飞色舞、兴致勃勃，并且对你产生好感；而对一个对球赛根本不感兴趣的人大谈球赛，则无异于对牛弹琴，甚至会导致其对你产生厌烦情绪。

（6）根据职业的差异。不论遇到何种职业的人，只要你能运用对方所掌握的专业知识与之交谈，对方对你的信任感就会大大增强。

6. 虚心文明，礼貌礼节

（1）使用日常生活中的见面语、感情语、致歉语、告别语、招呼语。

（2）养成对人用敬语、对己用谦语的习惯。一般称呼对方用"您""同志"，对长者用"大爷""大妈""先生"，不要用"喂""老家伙""老太婆""老头"等；对少年儿童用"小朋友""小同学"，不要用"小家伙""小东西"等。

（3）多用商量语气和祈求语气，少用命令语气的语句或无主句。如"您请坐""希望您一定来""请打开窗户好吗""请让开一些"，这样的语句，显得文雅、谦逊，让人乐于接受。

（4）说话要考虑语言环境。即不同场合，不同情况，谈话人的不同身份，谈什么事情，需要用什么语词、语调和语气。因为在不同的场合，同一句话用不同的语调和语气会产生不同的效果。

牢记上述的技巧，以自信的态度，在实践中不断地练习，才能真正提高你的产品销售技巧。

巧妙的假设成交法

下面请看一个优秀的服装销售人员销售服装的例子。

当一个客户在试穿西服是否合身时，销售人员不去问："您是否要买？"而是领着客户到镜子跟前让他自己看看。"您瞧，这衣服您穿上真合身。"销售人员边说还边扯扯客户的衣角，又说："我们现在去量尺寸吧。"

销售人员喊来他的裁缝，问道："您瞧，他穿着如何？"

"很好，我现在就为您裁。"裁缝说着，量着尺寸，拿起笔在衣服上划起来。

"腰部合身吗？"销售人员问道。

"是的，这样很好。"客户答道。

"先生，裤子就这么长您看如何？"销售人员又问。

"刚好。"客户回答道。

"先生，您喜欢有反褶的裤脚吗？"销售人员问。

"不喜欢。"客户答。

"这套衣服做好需要多长时间？"销售人员问裁缝。

"星期四就可以来取了。"裁缝直接告诉客户。

"这身衣服看起来很适合您。"销售人员最后又说了一遍，并赞许地点点头。

"随我到领带室来，我为您选一条配套的领带。"他边说边带着客户走进了领带室。

在上面的例子里，销售人员一次又一次巧妙采用了假设成交的方法。从假设客户要照镜子到客户要量尺寸，再到要定做衣服至最后要配领带，无一不是销售人员假设的结果。

客户没有说出"不"字，也就暗示同意。销售人员知道此时这笔生意已十拿九稳了。

销售人员在确认这桩生意能成交之前一直没有停止采用假设的方法，到客户走出商店的时候，他还未停止销售："请下次来时一定再找我。"这里，他又一次地假设客户会再来。

事实上，因为销售人员自始至终都在虚构"你要这件产品"的结果，那么，这种虚构的结果如何呢？客户果然要了这件产品。这属于一种心理策略。

作为一个优秀的销售人员，如果在假设客户愿意购买的前提下进行销售，这种态度对于客户作出购买决定有着积极的影响。

例如，某加油站培训了一批服务员，他们走近客户时总是这么问："我给您装满×××牌汽油好吗？"在这里，服务员"假设"两件事：首先，客户需要的是最大容量油箱里的汽油；其次，客户需要的是石油湾地区销售最贵的那种汽油。倘若服务员只是问客户："您需要哪种汽油？需要多少？"不难想象，这样的结果可能是你只能售出最普通的汽油。

只要你稍作观察，你就会发现，像航空公司、出租车公司和酒店在回答客户询问预订机票、车票和房间时，常常提出这样的问题："您希望把这些费用记在您的签证信用卡上，还是万事达信用卡上呢？"这种索要信用卡的方式就是表示成交在望了。当然，假设成交的方法应在极巧妙而又不得罪人的过程中去完成。

巧妙利用"真实"

日本"销售之神"原一平拜访了一位完全有能力投保的客户，那位客户虽然表明自己很关心家人的幸福，但当原一平劝说他投保时，他却提出不少异议，并进行了一些琐碎且毫无意义的反驳。原一平意识到，如果不用一些好对策的话，这次谈判大概不会成功了。

原一平凝视着那位客户说：

"先生，我真不明白您为什么还那么犹豫不决！您已经对我说了自己的要求；而且您也有足够的能力支付有关的保险费，您也爱您的家属。不过，我好像是对您提出了一个不合适的保险方式。也许我不应该让您签订这种方式的保险合同，而应该签订'29天保险'合同。"

原一平稍作停顿，又说道：

"关于'29天保险'合同，我想简单地说明一下。第一，这个合同的金额和您所提出的金额是相同的；第二，满期退还金也是完全同额的；第三，'29天保险'兼备两个特约条件，那就是设想您万一失去支付能力而无力交纳保险费，或者因为事故而造成死亡时，则约定免交保险费和发生灾害时增额保障的条件。这种'29天保险'的保险费，只不过是正常规模保险合同保险费的50%。单从这方面来说，它似乎更符合您的要求。"

那位客户吃惊地瞪大了眼睛，问道："可是，所谓'29天保险'到底是什么意思呢？"

"先生，'29天保险'就是您每月受到保险的日子是29天。例如，这个月是4月份，有30天，你可以得到29天的保险，只有1天除外。这一天可以任由您选择，您大概会选星期六或星期天吧？"原一平停了片刻，然后再接着说："这可不太好吧？恐怕您这两天要待在家里，其实按统计来说，家庭这个地方是最容易发生危险的地方。"

原一平看着那位客户，过了一会儿，又开口说道："从公平的角度来看，先生，即使您让我马上从您家出去，那也是情理之中的事情。我说了不应该说的事情，我显然忽略了您家属将来的幸福，而您却是对于家属责任感很强的人。我在说明这种'29天保险'时说，您每月有一天或两天没有保障，我担心您会想，'如果我死去或被人杀害时将会怎么办？'

"先生，请您放心。保险行业虽然有各种各样的保险方式，但目前我们公司并未认可这种'29天保险'。我只不过冒昧地说说而已。那么。为什么还要说呢？我想，如果是您的话，也一定会想，无论如何也不能让您的家庭处于无依无靠的不安状态。您大概会有这样的感受吧，先生？

"我确信，像您这样的人从开始就知道那种合同的价值，它规定，客户在1周7天内1天不缺，在1天24小时里连1小时也不落下，不管在什么地方，也不管您在干什么，都能对您进行保障。您的家属受到这样的保障，难道不正是您所希望的吗？"

结果，这位客户完完全全地被说服了，心服口服地投了费用最高的保险。

原一平之所以销售成功，关键在于他杜撰的"29天保险"。这种保险闻所未闻，引起了客户的好奇心，如果没有"29天保险"开路，这次销售很难成功。原一平在他的销售生涯中，曾多次使用这种方法，虽不是屡战屡胜，但十之八九能成功。

在面谈时，如果直接说出真实的情况，可能会使对方感觉不快，往往令自己陷入绝境。为了引起客户的注意与兴趣，销售人员可以巧妙地假设另一种"真实"情况，唤起客户的好奇心，然后再从中道出所销售产品的好处。

巧妙回避大实话

郑豪的车已经用了十几年了，最近有不少销售人员向他销售各式车子，他们总是说："您的车太破了，开这样的破车很容易出车祸的……"

227

或者说："您这破车三天两头就得修理，修理费太多了……"郑豪却执意不买。

有一天，一位中年销售人员又向郑豪销售，他说："您的车还可以再开几年，换了新车太可惜。不过，一辆车能够行驶12万英里，您开车的技术的确高人一筹。"这句话使郑豪觉得很开心，他即刻买下了一辆新车。

有时，客户会自己说自己的东西不好，比如说："这辆车太破，想买辆新车。"这时你也不能跟着附和："你这车确实够破了，早该换辆新车。"特别是在谈及孩子时，当客户说他的孩子太淘气时，你若顺着他的话说："是够淘气的"，那你就休想让他们买你的产品，你可以说："聪明的孩子都淘气"。

如果你是一名服装销售人员，有一位客户走进了你的店门，你发现他身上穿着一件很旧的外套，你就想卖给他一件新外套，看着他身上的破旧外套，你心里一定在想："这人怎么还穿这种破衣服？这还是好几年以前流行的款式，他居然穿了这么多年，这衣服早该当抹布使了。"你心里这样想，但嘴上不能这样说，如果你实话实说，那就很难在销售上有所突破。

如果你是一名汽车销售人员，当客户问你他那辆旧车可以折合多少钱时，你心里想的也许是："这种破车还能值几个钱？"这可能是大实话，那辆车也许确确实实就是一辆不值钱的破车，它的轮胎也许已经磨损得不像样子；它烧起汽油来也许比货车还要多，车里的气味也许很难闻。总而言之，它就是一辆破车，但这种大实话你不能说。因为这是客户的车，他可能很爱这辆汽车，毕竟他开了这么多年，多少总会有点感情。即使他不喜欢这辆车，也只有他才有资格来批评。如果你先开口说这辆汽车如何如何的糟糕，这无疑是在侮辱汽车的主人，不知不觉中已经伤害了他的自尊心。想想这些，你还敢批评客户用过的东西吗？

某销售人员正在销售甲、乙两套房子，他想卖出甲房子，因此他在和客户交谈时说：

"您看这两套房子怎么样？现在甲房子已经在前两天被人看中了，要我替他留着，因此您还是看看乙房子吧，其实它也不错。"

客户当然两套房子都要看，而销售人员的话语也在客户心中留下了深刻的印象，产生了一种"甲房子被人看中，肯定比乙房子好"的心理。

过了几天，销售人员兴高采烈地找到客户，说："您现在可以买甲房子，您真是幸运，以前订甲房子的客户由于资金紧张，只好先不买房了，于是我就把这套房子留给了您。"

听到这里，客户当然很高兴自己能有机会买到甲房子，现在自己想要的东西送上门了，眼下不买，更待何时？因此，买卖甲房子的交易很快达成了。

在这个例子中，销售人员稳稳地掌握住客户的心理，把客户的注意力吸引到甲房子上，又给他一个遗憾，刺激起了他对甲房子的更强的购买欲，最后很轻松地就让客户高高兴兴地买下了甲房子。

如果销售人员不制造一种"甲房子被人看中，肯定比乙房子好"的情形，客户很可能在看房的时候就会想："这里的房子为什么没有人买呀？肯定有它不好的地方而我没有发现。"如果是这样，客户就极有可能再去其他的房产商那里看房子，那他回头的几率就会很低了。所以说，大实话在某些时候是万万不能说的。

把握巧妙激将法的尺度

日本有一家关西药房，这家药房的老板人缘极好，不管是什么话，只要从他嘴里说出来，总是那么动听，因而生意兴隆。每当客户一上门，他就马上起身相迎，客气地说"欢迎光临"，使进店来的客户感到心情愉悦，产生被人重视的满足感。接下来，药房老板对于年纪大的人，就会说"您看起来真年轻"；对于爱美、喜欢打扮的小姐、太太，会说"您身上穿的这套衣服很漂亮"之类令人听了舒坦又温馨的话。

一位销售人员在一位姓张的客户家里展示一套炊具的功能。因为是在客户家中，销售人员有机会看到他们的橱柜正缺少他所销售的这种炊具，自然认为这个客户家需要一套炊具。然而他足足花费了两个小时，仍未达成交易。张太太不断地说："没有钱，太贵了，买不起！"

可是，当销售人员无意中提及细瓷器的时候，张太太的眼睛就闪出了亮光。

张太太："你有细瓷器吗？"

销售人员："巧得很，我们公司有世界上质地最好的细瓷器！"

张太太："你带来了没有？"

销售人员："您真走运，我今天正带着。"

几分钟后，销售人员带着一份瓷器订单离开了客户家，金额比他曾试图销售的炊具金额要高得多。

事实上，销售人员并没有对细瓷器进行过销售，他所做的不过是顺着客户的喜好，选出她比较喜欢的式样，并且商定付款办法而已。

在生意场上，如果想使自己的产品卖出好价钱，知道对方是个心烦气躁的人，用什么方法最容易使人就范呢?

看下面这个例子:

"这个东西你不会买的，它太贵了!"

"看你这身装束和打扮，就不该买这个东西。"

"算了，别看了，老半天还看不够，没带钱就算了。"

"不是我小看你，你压根就拿不出钱来买，我再降低价格，你也只是说说而已。"

以上的几个方面，是买卖双方常用的激将语。在生意场上，不妨运用这种激将法试试。某种职业、某种人群在性格上具有某些共同的特征，激将法在这些人身上会有不同的效应。一般来说，年纪轻的要比年纪大的人易"激"，越是讲究衣着打扮的、好争高比强的、地位较高、受人尊重的人越怕被别人看不起。只要你掌握了激将法，那无疑对你的销售技巧将是莫大的帮助和补充。

但这种方式在运用时应注意，因为稍有不慎，都将引起双方的不愉快，反而与原意背道而驰。激怒对方的目的不是为了与他一决高下，而是为了达到销售目标。

因此，实施时应注意以下3点。

1. 注意时机

最佳的时机是在对方犹豫不决、情绪不稳时，不论是在产品销售中或是谈判中均是如此。

2. 不搞人身攻击

"激将"的目的是"请将"，而不是让他和自己对立，这一点在生意场上尤其重要。

3. 不可假戏真做

激将法是通过看低对方来促成交易的，但如果真正激怒了对方，那也有可能造成难以收拾的结局。因此，要学会及时控制，以免造成不必要的损失。

总之，说巧妙话要恰到好处，否则就会弄巧成拙。

巧妙利用客户心理

客户购买的心理特点主要有7种：求廉心理、求实心理、求新心理、求名心理、求美心理、求知心理、求特心理。如果在销售中能够利用这些特点，就能够很轻松地迷惑对方，使之主动放下心理防备，实现交易成功。

戴维的库房里有一批去年的存货，这很令他伤脑筋。

因为夏季又来了，新的1年又流行了新的服装款式，而库房又被旧货占着。上了新货，旧货没地方放，不上新货，就错过今年的销售旺季，这让戴维左右为难。

这时，销售人员安迪找到戴维，拍着胸脯对他说："我可以在10天之内把存货处理掉。"戴维很不以为然地说："我卖了1年了，都没有卖出去，你用10天？开玩笑！"

安迪说："卖不出去，我给你出钱另租库房存放新货，如果卖出去了，我要分一半的钱。"

戴维想了想，答应了。

第二天，安迪挂出了一个牌子：限时抢购！全市最低价，只卖3天！

出乎戴维的意料，这批他认为是卖不出去的旧货，自从安迪挂出了限时抢购的牌子，就一直热销，以至于其他的销售商以为去年的款式今年还要继续流行呢。

很快，到了第四天，第五天……安迪的牌子还是挂在那里，但人们仿佛对此视而不见，依旧疯狂地抢购。

到了第八天，所有的库存一扫而光。

这种限时销售与限量销售的销售方式就是利用了人们的一种求廉心理，完成了自己的利润。

在人的潜意识里，都有着相当强烈的欲望，总认为还会有"更好"或"是否还有更好"的意识存在，而这种欲望就是造成了被迷惑的主要原因。例如，人们常会听到有人说"没有关系""时间还没到""还没有达到满意的程度"等。

一旦出现了"还没有……"这句话时，要让人采取决定性的态度就非常困难了。

虽然其本人并不想被迷惑，也不想犹豫不决，但是在旁人看来，就会觉得他优柔寡断，这是因为在他的心理有"还有一次"的意识存在。

与"还有"的意识相对的，就是"只有一次"的意识。

如果让对方了解到"只有一次"时，他就会变得更为大胆，且其大胆的程度异乎寻常。他会在没有丝毫抵抗的情况下采取行动，因为人们对于"只有一次""最后一次"总是没有抵抗力的。

这点可以从拍卖的广告词中得到证实。如果广告上写着"这是最后一次机会",一般人看了会觉得,如果不去买就会错失良机,甚至有所损失。

可就是这样不可思议,这些广告词对那些被迷惑的客户来说,功效实在很大。

妨碍果断行动的潜在心理,往往都是因为有"还有"的意识存在,如果在限定时间之内,迫使对方作出决定,就可以打破这种心理了。

拍卖往往限定在一个很短的时间里,例如,从下午1点钟开始到1点30分结束,这就是根据上述心理作用,在限定的时间内,引导客户作出"只有这一次"的果断行动。

对于正在犹豫价钱是否合理、无法下决心购买的客户,可以暗示他说:"错过今天,明天就要涨价了。"

当然,"限定抢购"的方法并不仅仅局限于时间,也可以运用在数量上。

例如,广告上可以说:"只送给前50名的购买者。""只有购买现货才能享受售后服务。""只限300辆可以打7折"等。

像这些在数量上设制一些限定条件,也是巧妙地利用了客户的心理。利用上述方法,可促使对方由迷惑转变为果断。

"限量商品"会使客户产生不买就会吃亏的心理,但是,如果在其他地方也同样可以买得到,那么客户会产生"还有"的意识,这会减少购买的意愿。

所以,只要使客户产生"只有一次"或"最后一次"的意识,客户就会有别人占了更多便宜的感觉。

除了这些以外,还有另一种潜在的心理,就是需要的愿望。

例如,最近高级手表的销售,都是采取少量多品种的策略。

采用限定生产量,每一个种类只生产100只。因为现在一些既便宜、性能又好的手表冲击市场，所以，要使客户愿意出以高10倍甚至20倍的价钱去买高级手表，就必须使客户有"物以稀为贵"的感觉。

在汽车广告词中就有这么一句："产量只限定20 000辆。"

只要是这种广告宣传，那么即使价钱非常昂贵的新车，也会有人去买。

"只有"的限定方法，可以促使对方消除迷惑，迅速、果断地作出决定。这种方法就是一种强有力的潜在心理操纵技巧。

把迷惑变为果断的操纵术小结：

客户经常会犹豫不决，不知该购买什么，还有许多客户始终无法下定决心来作出决定。

如果与这些有优柔寡断潜在心理的客户进行探讨，就可以很容易地突破他们的心理防线，掌握住他们的判断，替他们作出决定。

人们内心彷徨的最大原因，就是因为人们心里常有"二者选一"，以及"还有"的意识存在。只要存在这种意识，人就会有所期待，无法下决心，显得优柔寡断。

造成这个现象的最大原因，乃是信息过多。由于信息过多，往往会给人感觉还有许许多多的可能性。

一般人在超越了某些事件后，又认为可以"二者选一"，甚至"还有"其他可能，再加上现代社会信息频繁，所以，优柔寡断、犹豫不决的人，也在逐渐增加。

如果在对方感到迷惑的时候，有人逼迫他一定要作出决定，相信他必会作出决定，而不会迷惑。

可是，也往往为了要下决心，他会倾全力去搜集信息，这样反而使自己更难下决心。

因此，当对方开始迷惑时，促使对方果断的操纵术，就是多少要限制一点信息量，或做某种限定，从人的潜意识中除去"二者选一"和"还有"的意识。如果将人们犹豫不决的心比喻成可以左右摆动的钟摆时，就可以故意将信息由左偏向右，并将偏向右的一些信息，尽可能限制在某种范围内。

抵制信息过剩，促使人从迷惑中解脱出来、作出决定，必须要有"限定范围"、除去"二者选一"与"还有"的意识这种心理技巧。

如果对方存有"还有更好的"心理时，就要运用消除"还有更好的"技巧，从而限定他从范围中选择其一。

除此之外，还要消除对方"还有"的意识，让他彻底了解"只有这个"。要做到这点，并不是只单纯地限定时间，也可限定数量。

以上这些技巧常用在销售中，可以说是最有效的方法。

巧妙制造紧迫感，向客户施压

销售垄断性产品或别处不易得到的产品时，可以通过制造出紧迫感来销售。例如，一个房地产经纪人对一处房屋拥有独家销售权，你要是想买这套房屋的话，那你不和他交涉就不可能把它买到手。

当琼去买房时，她第一眼就喜欢上了它。精明的经纪人敏锐地看出了这一点，他说："房主急于卖掉这套房屋，他们最初报价太高，但现在已经降下来了，我认为这个价格要不了几天就能把房屋卖出去。我知道你也很想买，所以我建议你立刻做决定。我今天早上已经带一对夫妇来看过，他们表示很有兴趣。另外，我们还有两位经纪人也准备今天下午带人来看房。"

直到今天，琼也不知道那位经纪人有没有对她说实话，但她不愿冒风险，以免失去她理想中的房屋，她很快就签了合同。正是她对拖延下去会丧失机会的担心加速了她的决策进程。

在与服务相关的行业中，这种技巧同样效果明显。例如，建筑商可能对他的客户说："我的日程从6月到明年3月都已经排满了。今天是4月7日，要是我能从本月18日开始动工的话，我就能让您的住房在6月前竣工。当然，如果您愿意等到明年春天再说的话，那也行。"同样，计算机销售人员、办公用品销售人员或重型机械销售人员也可以运用这种技巧，他们只需要说："我们的发货与安装日程表已经排到3个月以后了。刚巧我取消了其中一项，要是你们愿意的话，我可以把你们的订单插进去，下个星期二就可以发货和安装。"

有一些交易，似乎是无法完成的，但依靠销售人员的高超技巧，也能顺利达成。

玛丽·柯蒂奇是美国21世纪米尔第一公司的房产经纪人。该公司曾经创下2 000万美元的销售额，在全美国排名第四。

下面是玛丽的一个经典案例，她在30分钟之内卖出价值55万美元的房子。

玛丽的公司位于美国的最南部佛罗里达州海滨，每年冬天，都有许多北方人来这里度假。

一天，玛丽正在一处新转到她名下的房屋里参观，忽然看见一对夫妇也在参观房子。于是，玛丽走到那一对夫妇面前，露出微笑，伸出手说：

"嗨，我是玛丽·柯蒂奇。"

"我是邓恩，这是我太太丽莎。"男子回答，"我们在海边散步，看见有房子参观，就进来看看。我们不知道……"

"非常欢迎。"玛丽说，"我是这房子的经纪人。"

"我们的车子就放在门口。我们从西弗吉尼亚来度假，过一会儿就要回家去。"

"没关系，你们一样可以参观这房子。"玛丽说着，顺手把一份资料递给邓恩。

丽莎看着大海，对玛丽说："这儿真美，这儿真好。"

玛丽正要掏出自己的名片给邓恩时，忽然停下了手。"我有一个好主意，我们为什么不到我的办公室谈谈呢？非常近，只要几分钟就到。你们出门往右，过第一个红绿灯，左转……"

在办公室，邓恩开始提出一系列的问题。

"这间房子挂牌有多久？"

"在别的经纪人名下6个月，但今天刚刚转到我的名下。房主现在降价急售。"玛丽回答。她看了看丽莎，然后盯着邓恩说："很快就会成交。"

这时候，丽莎说："我们喜欢海边的房子。这样，我们就经常能到海边散步。"

"所以，你们早就想要一个海边的家了？"

"嗯，邓恩是股票经纪，他的工作非常辛苦。我希望他能够多休息，这就是我们每年都来佛罗里达的原因。"

"如果你们在这里有一间自己的好房子，你们就会经常来这里，并且还会更舒服一些。我认为，这样一来，你们的生活质量将大大提高。"

"我完全同意。"

说完这话，邓恩就沉默了，他陷入了思考。玛丽也不说话，他等着邓恩开口。

"房主是否坚持他的要价？"

"这房子会很快就卖掉的。"

"你为什么这么肯定？"

"因为这所房子能够眺望海景，并且，它刚刚降价。"

"可是，市场上的房子很多。"

"是很多。我相信你也看了很多。我想你也注意到了，这所房子是很少的拥有自己车库的房子之一。你只要把车开进车库，就等于是回到了家。你只要上楼梯，就可以喝上热腾腾的咖啡。并且，这所房子离几个很好的餐馆很近，走路几分钟就到，但这里又很安静。"

邓恩考虑了一会儿，拿了一支铅笔，在一张纸上写了一个数字，递给玛丽说："这是我愿意支付的价钱，1分钱都不能再多了。他不用担心贷款的问题，我可以付现金。如果房主愿意接受，我感到很高兴。"

玛丽一看，只比房主的要价少1万美元。

玛丽说："我需要你的1万美元作为订金。"

"没问题。我马上给你写一张支票。"

"请你在这里签名。"玛丽把合同递给邓恩。

从玛丽见到这对夫妇到签好合约，整个交易的完成时间只有半个小时多一点！

实际上，固然这一对夫妇很满意这所房子，但他们并没有当时就购买的意思。如果玛丽仅仅是把自己的名片递给他们，99％的可能是，这桩交易会泡汤。玛丽必须利用这对夫妇在现场的有限时间，迅速完成交易。

那么，究竟怎么才能完成交易呢？怎样才能促使客户迅速作出决定呢？

玛丽采取了制造紧张气氛的方法：要赶快买，否则就没有了。这是一种抢购心理。想一想，你肯定也参加过抢购，你当时是怎样的一种心情呢？如果你能调动自己的客户，使他也产生这样的心情，就不怕他不与你签约。

特权产品销售人员常常会说："本公司只想在这个地区找一位经销商，迄今为止，我们已经有6位感兴趣的经销商报名。要是您想抓住这次机会的话，我建议您今天就签合同，我会尽全力利用我的影响帮您拿到这片销售区代理权。"

当你销售汽车时，你会有一种感觉，那就是客户本来急于拥有一辆新车，但不知为什么又犹豫不决。这时你可以说："我们的库里只剩下一辆这种颜色和款式的车子，要是您想要的话，我可以替您准备好，今天下午就可以取货。只是，如果您选择等一等的话，我担心这辆车会很快被人买走，我们今天上午就已经卖出了两辆这样的车。当然，我们还有另外一个办法，那就是我给别的销售人员打电话，让他们替您选一辆，但那样可能需要等上一个星期，而且，我也不敢保证您就能得到您真正喜欢的车。"然后你再停顿一会接着说："为什么您不肯帮自己一个忙，说一声'是'呢？我会通知服务部今天下午就准备好您的车。"

飞机票销售人员同样会对乘客说，要是他不赶快行动的话，很可能就买不到票，因为机票快要预订一空了。这一招用在商人身上似乎更为有效，他们的日程总是排得密不透风，在各国之间飞来飞去，就像有些人从一个城镇开车去另一个城镇一样属于家常便饭。例如，某人打电话要求订一张去×市的机票，对方回答说："先生，我们只剩下两个空位了。要是您想要的话，我建议您马上就订下来。"虽然这个人不一定非得去那么早，但他担心错过航班，因为他必须在那天下午赶到，所以他立即进行了预订。

无论在什么时候，只要产品数量有限，就可能制造出紧迫感来。在假定对方已经决定买的基础上提问，一切将变得简单。

对待不能作出果断决策的客户的办法是创造出一种紧迫感。只要你仔细考虑，无论你销售的是什么产品，你总会想出使其产生这种感觉的好办法。

1. 利用"特价"来制造紧迫感

例如，家电产品的销售人员可能对他的客户说："本公司月初将大幅度提高产品售价，现在，只剩下两天时间了，所以我建议您今天就作出决定。"

负责复印机销售的销售人员会通知他的客户，公司对复写纸的特价优惠日期截止到本周末。

不动产经纪人也许会告诉他的委托人，如果他还不能作出决定，他就要自付不动产税。这样，客户会觉得如果不把握住这个机会，将会造成极大的遗憾，紧迫感也就因此而产生了。

销售计算机的销售人员可能使用几种不同的方法来使客户产生这种紧迫感。他可以不对客户说，如果他再不作出决定，计算机就会售完，而是设法说服客户，他需要这种安装的计算机，以此来加速成交。

"先生，您考虑的时间越长，您的存货问题就越严重。正如我所说的，供应科已经晚发货3个星期了，这样下去，你们的公司还能维持多久？好吧，现在允许我用一下您的电话行吗？我要问一问今天公司有没有已安装好的计算机。"

紧迫感一旦产生，客户就自然而然地要作出购买的决定，成交在望了。

无论用什么方法，只要能创造一种紧迫感，就可刺激客户尽快作出购买决定。

2. 利用"明天就太晚了"来向客户施加压力

在人寿保险业做到这一点并不太困难。客户的健康状况随时会发生变化，也许一天的延误就可能意味着他明天就失去了投保资格。作为保险业的销售人员，你最好这样对客户说："先生，我们都没有办法从水晶球中去看未来，但愿您能在取得保险资格前健康长寿。不过您也应该很清楚，如果在这之前发生了意外，这对您的家庭将是多么大的损失。我们希望您能尽快取得保险。"

这样，一种"明天就太晚了"的意识就产生了，并且这种感觉会随着一个人年龄的增加而加强。

巧妙地向客户施加压力，是促成生意成功的一个重要技巧。使用销售施压，关键是销售人员应该审时度势，努力做到让客户从你身上看到一种信心，并感到安慰。这种技巧的掌握，是与销售人员的反应灵敏度有很大关系，销售人员只有在实践中不断练习，才能不断提高自己的技巧。

让客户忧虑起来

乔治·汤普逊是一位35岁的塑胶业者，已婚，有两个小孩，年收入在6万美元左右，而且每年都要付一笔总数3万美元的房屋抵押贷款。保险业务员麦克曾卖给他一张3万美元的保险。

麦克跟他聊天的时候，曾这样劝告他：

"乔治，您现在事业顺利，身体状况良好，虽然我们不喜欢谈不吉利的事，可是万一真有那么一天，您夫人怎么办？她能挑起生活的担子把两个孩子带大吗？在大多数的情况下，一家之主发生了意外，整个家庭随即就会陷入困境。那么一大笔的医药费和丧葬费用，就能把妻子逼疯。如果银行这时又要求收回贷款，那整个的情况真是不可想象了；您也知道这个社会是很少有人会对这样的家庭伸出援手的。您想想看，到时候该怎么办？"

"我已经买了一张3万美元的保险，我想这大概够了吧！"

"这张保单当然是能起到一定的作用，可是您想想看，您现在的房屋贷款是3万美元，所以这张保单保的不过是贷款的金额。如果还有一大笔的医药费和丧葬费要付的话，又该怎么办？这些钱加起来至少也要5万美元吧，需要花钱的事情真是太多了！"

"那我老婆可以去找工作呀！"

"工作哪有那么容易就能找到呢？"

"也有道理，不过她以前做过事，那个时候她教书。噢！不过教书这个行业已经不比从前啦，她可能还要去补修教育学分，可是现在教师的名额又这么少，要找个职位还真不容易！"

"就算她能找到一份工作，您想想看薪水够三个人的开销吗？假如她运气不错，找到一个薪水有您现在收入一半的工作，但她也许晚上还得出去补修几门功课，这也需要花钱；再说她还要付社会福利金，也得请个保姆来照顾小孩，这一切都要从她的收入中支出，扣掉税金后，那还有多少钱可以家用呢？

"我可以想象这些问题，即使她能找到一份工作，我想日子也不会好过的。

　　"这就是我为什么认为您应该再买一份保险的原因。这样即使您遭到不幸，至少在5年以内您太太还能享受目前的生活水准。这样她就有一段缓冲时间可以再回学校学点东西，然后在没有压力的情况下，找一份比较理想的工作；而且在您的两个宝贝还需要母亲照顾的时候，她也能多照顾他们一些。"

　　"那您看我是不是应该将保额提高到10万美元呢？"

　　"这样当然是比较好！不过我们还忽略了一些问题，您想想孩子们的教育问题，这要花多少钱呢？"

　　"一个孩子1万美元吧，也许还不够呢，现在大学的学费越来越贵了。"

　　"所以该把这些都加在一起，才是最适合您的保额。您自己可以算得出来：每年需要付3万美元的房屋贷款，另外2万美元作为孩子的教育费用，如果想在5年之内让太太、孩子继续享受目前的生活水准，至少需要10万美元，再加上医药费和丧葬费5万美元，这样您应该要保20万美元的保额，扣掉您手上现有的3万美元，您需要再保17万美元。"

　　"这可不是小数目啊！"

　　"可是，乔治，假如您希望您的家庭能够不被一次意外所摧毁，失去现有的生活水准，您就需要这样的保额。想想看，您还有什么其他的方法能够提供给家人这样的保障呢？"

　　通常谈话进行到这里，麦克对于拿到保单已是胸有成竹了。不过，在很多情况下，人们最不喜欢谈到意外的事情，对他们提到死亡，就好像厄运当头一样，因此你可能会遇到如下反驳：

　　"这种计算未来的做法根本是多余的。你看我还不是半工半读，奋斗到今天，我的孩子也可以这样做呀！"

　　"妻子出去做事有什么不好？这对她也是个很好的机会呀！在这个世

界上，根本没有什么不劳而获的事情，我自己是这样苦过来的，别人也一样可以苦过来。"

碰到这样的一套说辞，你就得赶快利用巧妙话了！

说出这种话的人，通常都是以自我为中心，他需要别人肯定他的成就，而他对自己的关心也超过他对家庭的关心。于是，你就可以跟他谈些个人生活里的实质好处，例如，个人的积蓄、退休后的生活问题，以及万一失业时的收入问题等。

"您已经辛苦了大半辈子，目前的成就和生活水准，事实上正是您辛苦的代价。依我的浅见，最重要的是要在退休以后，还能够保持这样的生活水准。假如买了这种保险，当您65岁的时候，1年可以从保险公司那里享受1.8万美元的红利，而目前1年只要付3 400美元的保费。"

就这样，你可以把重点从家人的身上移到被保险人自己身上。对方也觉得这样做，会让自己的余生过得更好些，因而接受你的建议。

通过想象未来的种种悲惨生活，来唤起客户的重重忧虑。只有让客户认识到，一定要为将来做好打算，以免到时日子悲苦，而且必须立刻从现在开始行动。这时，你的目的就达到了。

利用感情给客户讲故事

"能不能提前啊？如果不行，你把我缴过的会费还我就好，利息就算了。"

自从丈夫病重后，美子为了互助会的事不堪其扰，一些会员担心她一手创办的互助会会垮了。

她是会首，每个月1万日元的互助费，是以邻居亲友为主组成的。丈夫病重，会员担心是难免的，但她已解释再三，无论如何不会让大家吃亏的。

"我们家在这里已不是1年、两年，难道我们的为人你们还不了解吗？我们不曾欠过人家一分一厘！"

虽然这样说，邻居亲友的疑虑还是无法消除。

佳子是美子丈夫好朋友的太太，一大早就对美子说道："由田太太，我们家最近买房子，贷款本息负担很沉重。能不能商量一下，把会费还我们。我是不得已才这样要求的。"

"佳子，我丈夫和你丈夫是多年的知心朋友，你这样苦苦相逼，叫我很心痛。"场面尴尬起来。美子本来想把丈夫有张人寿保单的事说出来，但是心想，这样说好像期盼丈夫早点去世，于心何忍。

她已盘算过，即使丈夫走了，以自己的收入加上保单赔偿，维持互助会是不会有问题的。

但是像佳子这样的会员有两三个，尤其佳子讲话更是直接，丝毫不顾交情，很难应付。

"佳子，我丈夫还没有走，你也不用担心，就算我做牛做马，也不会欠你们钱的。"

"我不管啦！"佳子不愿就此打住。

"我们家是穷了点，你不必这样。按规矩，你互助会参加了一半，是没道理退出来的。"美子强硬了起来，口气不再软弱。佳子眼看情况不对，只好回去。

丈夫终于走了。

丈夫的保单索赔虽然只有100万日元，办丧事和医药费花去大部分，但是至少不用去借。剩下的30万日元存着，让美子心中踏实多了。

"借钱，越有钱的人借钱越容易，越穷的人借钱越困难。"美子说道。

这个感人的故事来自于日本"销售之神"原一平之口，故事也足以说明，在生活艰难的处境下，买保险的好处，听后可令客户抹一把同情之泪，然后再考虑投保。

在保险销售的过程中，讲保险故事是很重要的一环。有些客户没有保险意识，听了保险故事才会被点醒。原一平讲起保险故事相当传神，客户往往听得激动起来。讲到令人鼻酸的重点时，原一平还会掉下眼泪。"保险故事在保险销售时，具有强烈的催化作用，讲得越好，催化力越强。"原一平道出自己的心得。

有人问他："你是怎么训练自己讲保险故事的？"

原一平说："有些人以为我本身就具有近乎演员的天赋，其实不是。我自己每要讲一个保险故事，就像演员一般从背诵剧本到融入当事人角色，认真地练习一二十次，直到抓住故事的精髓为止。"

原一平的能耐不是凭空得来，任何事，用心或不用心，差别就在这里。虽然直接告诉客户这是一个故事，但是因为故事十分地贴近人的现实生活，人们听了悲惨的故事之后，往往会习惯性地把自己置身于故事当中，并幻想自己就是故事中的主人公，当客户意识到自己的将来也十分有可能跟主人公一模一样时，就会产生忧患的心理。这时，销售人员的销售也就相当于成功了。

引用小故事不见得非得在客户提出拒绝后，其主要目的是为了提高客户购买意愿，所以在任何一个阶段随时都可以来上一段故事。当然，客户拒绝时一定也有相应的故事可作缓冲，因此平时应多准备一些小故事。

既然感性地运用故事能够发挥这么大的效果，为什么没有几个销售人员想效法他们呢？这主要是由于大部分销售人员不认为自己具有创造性的说故事的能力和想象力，或没有表达这种情感激励的能力。

来之不易式成交法

来之不易的东西具有更大的诱惑力，因为并非人人都能拥有。如果钻石与鹅卵石毫无区别，人们也就用不着劳神费力地去把它们从地上筛选出来。人们想得到那些别人不太容易得到的东西，而且他们希望被人接受、被人看重，例如，无数的俱乐部需要有一定身份、地位和资格能力的人才能入会成为会员。

运用这种技巧时，销售人员不会问："您想买吗？"相反，他会问对方有没有条件，够不够资格买。一旦处理得当，客户就会忘记自己在作出一个本可不做的购买决定，他们的脑子里全是"能否买得起""是否有资格买"等问题。

保险销售人员："弗雷德，我坦率地告诉您，您的健康状况令人担忧。我有一些建议能让您有资格买下这份保险。现在，请您在这儿签字，以便我的公司获准与您的医生联系，我会预约一个时间让您做健康检查。"这种成交技巧起作用，是因为每一名保险销售人员都懂得那些不具投保性的人都想尽量拿到人寿保险，尤其是当他们健康状况不佳时，他们更想得到可能得不到的东西。

汽车销售人员："汤姆，我认为您应当考虑一下那些稍便宜的车，我想您不可能买最新款的车。"在这里，客户受到挑战，偏要证明一下自己买得起最昂贵的车。

家具厂销售人员："我们公司在本市只需要一家经销店来出售我们的各式家具。坦率地说，杰，我们想跟那种实力雄厚、信誉良好的零售商合作。我不敢确定您的商店是否合适。"在这里，客户再次受到挑战，急于证明自己有能力和资格与该公司合作。

艺术品销售人员："这幅稀有的油画是一位收藏家的拍卖品，我希望看到它只被那些严肃对待艺术收藏的人所拥有。直率地说，先生，我并不想把它卖给那些一点不欣赏它的人。我对那种只能证明自己出得起钱的人不感兴趣。只有那些具有高品位、真正热爱艺术的人才有资格拥有这幅高质量的油画。"在这里，客户也必须证明自己有条件购买产品。

房地产销售人员："这套房子对您来说可能大了点，也许我应该带您到别的地方看看面积小一些的房子，那样您可以感觉满意一点。"在这里，销售人员向客户微妙地提出挑战，并且使他处于必须捍卫面子的状态。

在这些例子中，销售人员的战略都是"迫使"客户证明自己有资格和能力成为买主。"来之不易式成交法"之所以起作用，是因为销售人员激发了客户的占有欲和自我心理。

巧妙的装聋作哑法

何为装聋作哑法呢？装聋，即对某些异议故意忽略，保持沉默，置若罔闻，环顾左右而言他。一般来讲，销售人员应热情回答各种问题，帮助客户认识自己的需要。了解产品，但这并不意味着必须回答所有问题。在某些特定场合下，这种方法也很有效。

某公司有一个女孩子，平日只是默默工作，并不多话，和人聊天，总是面带微笑。有一天，公司里来了一个好斗的客户，一来就不问青红皂白，逮住人就大发牢骚。很不巧，女孩正是给他开门的人，客户看到的第一个人就是她，立刻客户像是点燃的火药，劈哩叭啦一阵猛轰，谁知那位女孩只是默默笑着，一句话也没说，只偶尔问一句："啊？"

最后，好斗的客户主动鸣金收兵，但也已气得满脸通红，一句话也说不出来。

你一定会说，那个沉默的女孩子的"修养"实在太好了，其实事实不是这样，而是那位女孩子听力不大好，虽然理解别人的话不至于有困难，但总是要慢半拍，而当她仔细倾听你的话语并思索其意时，脸上又会出现无辜、茫然的表情。客户对她发牢骚那么久，她回应的却是这种表情和"啊"的不解声，只好鸣金收兵了。

这个故事说明了一个事实：装聋作哑的力量是巨大的，面对"沉默"，所有的语言都显得无力！

学习装聋作哑，除了可以不战而胜之外，也可避免自己成为别人的目标；而且，习惯装聋作哑，也可避免自己去找人麻烦，有时还可以变不利为有利，好处甚是不少。客户除对价格提出异议外，对产品、服务、公司、购买时间、销售人员本人等，也都会提出异议。

常见的对产品的异议有："我不喜欢这种式样的""我不喜欢这种颜色""它们结构很差""尺寸不合理""我认为它穿起来不会好看""我长期使用××牌，觉得它比你们的产品强"等。而这一切异议的结果就是一句"我考虑一下"，这也是客户最常用的借口，要知道他们所谓的考虑一下就是不太想买，所以销售人员一定要注意，不能轻易让客户走。

客户也可能对厂家提供的服务感到不满，例如，他们会说："你们的服务质量太差了""你们的专家也解决不了我们的问题""我们的订单过了一个月才兑现"等。

对你所代表的公司，客户也会提出异议，如果这些异议所涉及的只是公司的规模、财政状况、生产增长率、专利权、其他产品、经营效率等，你都可以坦率地予以回答。但有时，可能客户会对你表现得不友好，那是因为他在与你们公司打交道时曾发生过令人不愉快的摩擦。在这种情况下，你千万不要顺势站在客户一边对你们公司"痛骂"一通，要记住，任何对公司缺乏忠心的销售人员都不会得到客户的尊重。

兰迪是一家家具店的老板，有一次，一对夫妇到他的店里挑选家具，当他们发现看中的家具价钱相当高时，那位夫人对兰迪说："我们要回家研究一下！"

兰迪马上想起了刚学到的装聋法，于是看着那位先生问道："您是打算把这些家具带回去呢？还是我们给您送到家？"

先生问夫人："你说呢？"

只听这位夫人说："哎呀！让他们送到家需要花钱呀，还是我们自己带回去好。"

著名销售人员金克拉也提到过这种方法。他说："我的好朋友来自南卡罗来纳州大瀑布城的玛丽·霍克，曾经有几年时间和我一起做厨房设备的销售工作，她的确在听觉上有一种奇妙'怪癖'。我看到有一次一个客户在离她只有1米的地方，尽管大声叫喊着：'不，玛丽，我不想买！'

可是对此她连眼都不眨一下，使我大吃一惊。对她来说是一点也没有听到。另外，那时还有一个客户从10米的地方小声说'是'，玛丽却清清楚楚地听到了那个喜讯。总之，她在客户说'不'时，只是理解为对方不是认真说的，而只有当客户说'是'的时候，她才把那个回答作为认真地回答接受下来。"

但是，在以下两种情况下，最好不使用这种方法：第一，不理睬会使客户产生被轻视的感觉，从而引起不满的时候，不要故意忽略对方；第二，不解释会引起客户疑心的时候，还是耐心解释为妙。

在销售过程中，有许多场合都可以使用装聋作哑的办法，躲开别人说话的锋芒，然后避实就虚、猛然出击。其技巧关键在于躲闪避让的机智，虽是"装作"，正如实施"苦肉计"一样，却一定要表演得自然。

装聋作哑法，就是指对别人的话装作没有听到或没有听清楚，以便避实就虚、猛然出击的方式。它的特点是：说辩主要不在于传递何种信息，而是通过打击、转移对方的说辩兴致，使之无法继续来设置窘迫局面，化干戈为玉帛，能够达到寓辩于无形、不战而屈人之兵的效果。

这种方式的使用场合有很多。

1. 可用于挽回失言所造成的尴尬局面

偶尔失言在语言交际中在所难免，但失言往往是许多矛盾发生和激化的根源。因此，挽回失言，在语言交际中是很有必要的。

例如，实习期间，一位实习生在黑板上刚写了几个字，学生中突然有人叫起来："老师的字比我们李老师的字好看！"

真是语惊四座，稚嫩的学生哪能想到：此时后座的班主任李老师是怎样的尴尬！对这位实习生来说，初上岗位，就碰到这般让人难堪的场面，的确使人头疼，以后怎样和这位班主任共处呢？转过身来谦虚几句，行吗？不行！这位实习生灵机一动，装作没有听到，继续写了几个字，头也不回地说："不安安静静地看课文，是谁在下边大声喧哗！"

此语一出，使后座的李老师紧张尴尬的神情，顿时轻松多了，尴尬局面也随之消除。

这里就是巧妙地运用装聋作哑法，避实就虚，即避开"赞美"这一实体，装作没有听清楚，而攻击"喧闹"这一虚象。这样，既巧妙地告诉那位班主任"我"根本没有听到；又打击了那位学生的赞美积极性，避免了他误认为老师没有听见而再赞美几句，从而再次造成尴尬局面的可能。

2. 处理、制止别人的中伤、调侃

人们有时会因开玩笑过头，而大动肝火、伤了和气。对于这种情况，不妨巧妙地运用装聋作哑法，给对方一个丈二和尚摸不着头脑的疑问。

3. 补救说话中的错漏、失误

一位公司经理在开业庆典上发表即兴演讲，他这样强调纪律的重要性："公司是统一的整体，它有严格的规章制度，这是铁的纪律，每一个员工都必须自觉遵守。上班迟到、早退、闲聊、乱逛、办事推诿、拖沓、消极、懈怠，都是违反纪律的行为。我们允许这些现象的存在就等于允许有人拆公司的台，我们能够这样做吗？"

这位经理的反应力和应变力是很强的。当他意识到自己把本来想说的"我们绝不允许这些现象的存在"一句话中"绝不"两字漏掉之后，佯作不知，马上循着语言表达的逻辑思路，续补了一句揭示其后果的话，同时用一个反问句结束，增强了演讲的启发性和警示力。这样的续接补救，真可谓顺理成章、天衣无缝。

但说起来，这一点小技巧在司马懿面前就是小巫见大巫了。

魏明帝即位后，兵权尽归于曹爽。曹爽立即换将领，委任自己的弟弟分管三支御林军，随便出入禁宫；又任用智囊团何晏、邓飏、丁谧为尚书，毕轨为司隶校尉，李胜为河南尹，军政大权尽在曹爽控制之下。司马懿见此情形，只好装病不出，在家闲闷，其两个儿子司马师、司马昭亦没有事做。

曹爽骄横专权，气焰不可一世，连明帝都不放在眼里。

李胜升调为青州刺史，曹爽便叫他去司马懿处辞行，探听虚实。

司马懿知道曹爽的人来访，便对两个儿子说："这是曹爽要来打探我的动静，你们且回避。"

于是司马懿去冠散发，拥被坐在床上，诈称重病，叫侍女搀扶着，然后请李胜入见。

李胜拜见过后，说："一向不见太傅，谁想病到这般，我将调任青州刺史，特来向太傅辞行。"

司马懿佯答："并州是近北方的，务要小心才可！"

李胜说："我是往青州，不是并州！"

司马懿笑着说："你从并州来的？"

"是山东的青州！"李胜大声说。

"是并州来的？"司马懿笑了起来。

李胜心想，怎么病得这么厉害？侍女告诉他："太傅已病得耳都聋了。"

"拿笔来！"李胜写了字给他看。

司马懿看了才明白，笑着说："不想耳都病聋了！"又用手指指口，侍女即给他喝汤。他刚要喝，又洒了一床，哽咽一番，才说："我老了，病又如此沉重，怕活不了几天了，我两个孩子又不成才，望先生训导他们，如果见了曹大将军，千万请他照顾！"说罢又倒在床上，喘息起来。

李胜拜辞回去，将情况报告曹爽，曹爽大喜，说："此老朽若死，我就可以放心了。"从此对司马懿不再防范。

司马懿的表演让人不得不佩服。在他这里，听也能成为"武器"，一个"没听懂"就把对手蒙蔽了过去。同样，销售人员也可以把它当做自己的一个"武器"。

赞同客户的观点

这个技巧的核心是先赞同客户的观点，然后再说服客户。

在刚发明充电式小家电初期，要销售充电的电动刮胡刀很困难。当时，只有少数人对这种家电有一些了解。这种充电式刮胡刀价格当然比传统式的高出很多，而且销售人员也知道，这么高的价格在零售市场会产生很多的阻碍，客户根本就不会想去看它一眼。基于这个原因，要想将这个产品打进市场，销售人员必须想出另类的方式才可行。一般来说，当客户抱怨价格太贵时，你不要争论，而是赞同他的说法，会是怎样的结果呢？

客户：对不起，我们无法进这种产品，它看起来是一种高级产品，一般的客户是不会花这么高的价格来买一把刮胡刀的。谢谢您来向我展示，但很抱歉，我们不能进这种产品。

销售人员：您也认为零售价格太高？

客户：我不仅认为它的价格太高，而且我觉得它的价格真的过高，我在这个区域做生意有17年了，对这个市场有些了解。真的是太高了！

销售人员：我同意您的看法，价格太高了！

客户：您说什么？

销售人员：您是对的，价格太高了！

客户：您是说您明明知道价格太高，却仍然要销售，您是抱着什么心态？您这种产品能卖出去多少个？您这种说法要是让您的经理知道了，他会说什么？

销售人员：他完全同意如果大家只是想要一把刮胡刀，那么我们的价格就太不实在，但是如果大家想要的是电动刮胡刀呢？

客户：嗯，大家是都想要电动刮胡刀，但是您的产品是怎样的电动刮胡刀呢？它可以把硬胡须刮干净吗？

销售人员：是的，它是一种很巧妙的产品，但就刮胡刀的价格而言确实是高了一些。

客户：您不停地说它的价格太高，那您怎么能把它卖出去？而且，您怎么能期待我可以卖出去呢？

销售人员：我们知道您的问题是问我们能卖出去多少个？在昨天召开的每周一次的会议上，我们的销售经理指出，自从开始促销后，到目前为止，我们的业务已超过预定目标的25%。您想，进货的那些店会认为卖不出去，而仍然进这么多量吗？

客户：那是他们的问题，但我知道，进到我店的人们是不会花那么多钱买它的！

销售人员：这当然是您的决定。我想您这一区的人们大概都是中等阶级，我想他们大多是生意人，也常常因为业务的需要而从事旅行。

客户：是啊！这是他们想购买电动刮胡刀的原因。

销售人员：但是，如果在旅馆里发现插座与电动刮胡刀的插头无法相容，是不是一件很令人懊恼的事？而这种充电式的刮胡刀，充一次电就可以刮10次，生意人只要随身携带，等他回家后，再充上电带上就可以，这是多么方便的发明啊！

客户：没有电线、没有插头也可以吗？

销售人员：是啊！这也是一种额外的保护，因为大多数人都在浴室使用它，浴室常常是潮湿的，普通的电动式刮胡刀若泡水就差不多失去功效了，而这种产品，您只要捡起来再擦干就可以继续使用。

客户：真的吗？

销售人员：不仅方便而且安全，再谈谈刮胡子的动作，低价位的刮胡刀有一层厚的叶片，它无法像丢弃式刮胡刀片刮得那么干净。这种刮胡刀的叶片薄到只有一根头发直径的25%而已，如果您用这种刮胡刀，感觉就好像是理发师在帮您刮胡子一样舒服。

客户：有这么好吗？

销售人员：我的岳父胡子长得又快又浓，以前他每天都要刮两次，但是自从父亲节我送给他这个产品后，他一天只需刮一次就可以了。因此，方便、安全、舒适的优点它都有，我们再来看……

乍看之下，你也许认为这样做生意没有什么了不起，销售人员只是不断地在述说产品的优点，企图在客户心中产生深刻的印象。这不需要多大的专业技能就可达成，任何一位销售人员，只要参加过普通的训练课程就可以做到。不过，最重要的还是开头的地方，因为在初级阶段，这位资深销售人员把已经关闭的话题再度打开，但他并不是借由争论的方式，而是通过赞同对方的看法的方式。

碰到其他情况也如此，请你试试这个方法。若是客户向你抱怨什么，那先赞同他的观点再说。他关闭的心门会为你的"赞同"再度打开，听你一步步地说明足够的理由。

不一定非要回避缺点

有些销售人员在进行销售时往往刻意避免提到产品的缺点，殊不知，只讲优点并非就可取得成功，适当提及产品的缺点，反而能够使客户觉得你诚实，促使他下定决心购买。

李强是不动产销售人员，有一次他负责销售K市南区的一块土地，面积有264平方米，靠近车站，交通非常方便。但是，由于附近有一座钢材加工厂，铁锤敲打声和大型研磨机的噪音不能不说是个缺点。

尽管如此，李强打算向一位住在K市工厂区道路附近、在整天不停的噪声中生活的客户推荐这块地皮。原因是其位置、条件、价格都符合这位客人的要求，最重要的一点是他原来长期住在噪音大的地区，已经有了某种抵抗力，他对客户如实地说明情况并带路到现场去看。

李强对客户说："实际上这块土地比周围其他地方便宜得多，这主要是由于邻近工厂的噪音大，如果对这一点您不在意的话，其他如价格、交通条件等都符合您的愿望，买下来还是合算的。"

"您特意提出噪音问题，我原以为这里的噪音大得惊人，其实这点噪音对我家来讲不成问题，我一直住在10吨卡车的发动机不停轰鸣的地方。

况且这里一到下午5点钟噪音就停止了，不像我现在的住处，整天震得门窗响，我看这里不错。其他不动产商人都是光讲好处，像这种缺点都设法隐瞒起来，您把缺点讲得一清二楚，我反而放心了。"客户看过现场后说。

不用说，这次交易成功了，那位客户从K市工厂区搬到了K市南区。

任何产品都不可能十全十美，而且产品的功能与作用对于客户来说，并不都是一样重要，有的是可以被忽略的。根据产品的不同情况，根据客户的不同情况，清楚地说出产品的缺点和优点，这是尊重客户的一种表现，反而会取得信任，促成客户购买。

如果客户的反对意见确切说中了产品或公司所提供的服务中的缺陷，千万不可以回避或直接否定。明智的方法是肯定有关缺点，然后淡化处理，利用产品的优点来补偿甚至抵消这些缺点。这样有利于使客户的心理达到一定程度的平衡，有利于使客户作出购买决策。

例如，某些产品外观好看，但不耐用；有些产品笨重，但用起来放心；有些产品是国外品牌，有些是国内品牌等，这些产品的优缺点可能大家都很清楚，自然而真实地告诉客户也没什么，让他自己去选择。

客户提出："这东西质量不好。"

销售人员可以从容地告诉他："这种产品的质量的确有问题，所以我们才减价处理。不但价格优惠很多，而且公司还确保这种产品的质量不会影响您的使用效果。"

这样一来，既打消了客户的疑虑，又以价格优势激励客户购买。这种方法侧重于心理上对客户的补偿，以便使客户获得心理的平衡感。

酒店里的一部电梯出了故障，停在10楼与11楼之间，里面有两位客人

259

受到惊吓。总经理指示说："通知工程部经理迅速派人检修，查明原因，并要求值班经理立即赶到现场，妥善处理客人事宜。"事情是这样处理的：

"您早，先生！您早，小姐！请这边坐，请用茶！"

"你们是怎么搞的，该死的电梯把我们关在里面这么久！我花了钱住饭店，不是花钱买倒霉的。我拒付房费。"

"电梯出故障，虽说是偶然，但当然是我们酒店的责任，我先向你们表示歉意。"

"道歉有什么用？我还是要拒付房费，我们的性命都差点给丢了。"

"先生是日本人？中国话说得真不错！"

"'半个日本人'。我母亲是中国人，我父亲是日本人，我是在江苏外婆家长大的。"

"噢，你们是第一次来上海吗？"

"当然是第一次。到了上海生意还没有谈，就碰到不顺心的事，几家五星级酒店都客满了，只好住你们这家四星级的，倒霉的事今天又让我给碰到了。"

"想必您听说过中国有句古话叫做'好事多磨'，我可要祝福您交好运了。"

"什么意思？"

"两位未住进五星级酒店，却能住我们酒店，真使我们感到很荣幸。我们酒店的电梯是日本三菱的，使用8年来，没出过一点故障，今天让二位受惊了。我不迷信，但我却相信'好事多磨'，我想，先生的生意肯定会谈得很成功。"

"是吗？"

"电梯出故障，我们一定会承担责任！但是，中国一句古语，叫做

'大难不死，必有后福'，先生、小姐有'后福'，我也该祝贺呀！"

"你真会讲话。生意如果谈成功，一定忘不了你。"

"请问你们有没有受伤？"值班经理关切地询问。

"没伤着，就是早餐到现在还没有吃呢！"

"非常对不起，耽误你们用餐了。很抱歉！"

"你的接待使我们很满意，我也不是不愿意付房费，不过碰到这种不顺心的事，说说气话而已。"

值班经理送客人到电梯口，打招呼道别。客人用完早餐一进客房，看到一盆水果和一份总经理签名的道歉信已放在柜子上。

值班经理没有回避现实，但他巧妙地把问题引向对客户有利的一面，即所谓的"好事多磨""大难不死，必有后福"上，让客户从心里感觉到真诚的道歉，从而忽略了事故对自己的惊吓，并且原谅了饭店。

巧妙的强势销售

强势销售就是刻意奚落客户或逼迫客户，语言必须精确适当，既不能让客户生气，又要成交，施展起来很困难，而且需要相当大的勇气。

伯恩哈特在向母亲们销售儿童百科全书时，就以高明的手腕，施展了这个技巧。

有位女士表示没有兴趣购买书籍。伯恩哈特不发一语地站在原地，一脸不敢置信的表情。接着他说："强森太太，您的意思是，不帮小孩买这些参考书籍！您知不知道自己在做什么？您准备袖手旁观，看着孩子独立面对未来的竞争！您这样做，等于让孩子平白丧失竞争的能力。您只不过一天投资几美元，就可以提供给孩子更好的教育机会，而您竟然不愿意，宁可让他们自求多福！

"我不相信您会这么做，强森太太。一天只花几美元，您的孩子就不必面对知识不足的危机。我相信您愿意投资这些金钱，让自己的孩子有个好的开始。"

这番言辞相当冒险！听了这番话，大部分人都不会动怒，而且扳回劣势的几率高达20%。

有时对待无限拖延的客户也可以用此招。

欧维提公司的辛林克就曾采用过这个技巧。

"碰到棘手的交易，"他说，"销售人员必须建立自己的权威，而不是将客户当做权威。"有一次，辛林克碰到了困难，客户是一家小型五人公司，正需要会计系统。

"某一天，我们将这五个人全请到公司，解释我们提供的解决方案。"辛林克说，"他们很认真，评估了市面上所有的会计系统。一场15 000美元的交易，讨论了好几个小时还是无法定案。最后，我将机器关掉，把钥匙放入口袋。我说再不定案，请你们都回去。这五个人突然像被驯服了的小猫，乖乖签下合约。我不得不采取这个有把握的险招。我有把握，因为我们的方案，确实可以解决他们的问题。"

但使用强势销售法应谨慎，技巧必须非常娴熟，否则很容易引起反效果。

巧妙的建筑高台成交法

你知道墨西哥的披肩吗？那是一种用整块布料挖个洞做成的毛织毯。

你想知道罗西是在什么情况下把自己的披肩卖出去的吗？事情经过是这样的：

在一个春光明媚的日子里，墨西哥的一个旅游胜地迎来了一批又一批的游客，他们心旷神怡地欣赏着每一处美景。

就在门口，罗西把一大块布铺在地上，并从旅行包里拿出一摞摞披肩，整整齐齐地码放在布上。

披肩在墨西哥很盛行，它不仅可以起到装饰作用，而且还可以阻挡风沙的袭击。尤其是一些中年妇女，如果披上一块披肩，更显得风姿绰约。

罗西像往常一样，一边喊着："卖披肩喽！"一边在人群中寻找着目标。有一对夫妇走到罗西的地摊前，夫人低声对丈夫说："这披肩真美，可惜贵了点。"

"算了，这些披肩在墨西哥到处都有，何必在这里买呢？况且马上过时了，买它有什么用？"丈夫不耐烦地说。妻子看见丈夫很不高兴，只好依依不舍地走了。

罗西看到走出很远的夫人，仍不时回头向他这边看，他知道这位夫人很爱披肩。于是他把地摊嘱咐给旁边卖冷饮的老人，就不顾一切地抓起几块披肩，向那对夫妇追去。

当罗西汗流浃背地追上他们时，丈夫对罗西说："我谢谢你的好意，也很佩服你锲而不舍的精神，但我丝毫没有兴趣，你找别人好吗？"

"我是想800比索卖给你们，好吗？"罗西答道。

他们没走多远，只听罗西喊："600比索，你们要吗？"可是，他们像没有听见一样，继续往前走，甚至加快了脚步，想摆脱罗西的纠缠。

可是，在一个拐弯处，罗西又一次站到了他们面前，喘息着说："500比索，500比索就好了……好啦，400比索。"

丈夫咬牙切齿地说："听着，我们不买披肩，别再跟着我们！"罗西似乎了解了他的意思，但罗西仍没有放弃，他红着脸说："好吧，算你赢了，只卖你200比索。"

"你说什么？"这对夫妇吃了一惊。

"200比索。"罗西重复道。

"让我看看你的披肩。"经过一番讨价还价之后，这对夫妇终于以170比索买下了一条披肩。

当夫妇两人告别旅游胜地回到家中，在另一个集市上又碰到了卖披肩的商贩。一问价钱，才150比索。

建筑高台成交法又叫做喊高价成交法，是指卖方提出一个高于自己实际要求的谈判起点，来与客户讨价还价，最后再作出让步，从而最终达成交易。

征服客户的过程是一个与客户交流的过程。在这个过程中，抓住客户心理"诱敌深入"，不失为一个征服客户的好方法。

巧妙应对客户的奚落

有时,销售人员会碰到素质低的客户,或者因为某件事的失误而遭到客户的奚落,遇到这种情况,销售人员该怎么办呢?"兵来将挡,水来土掩",可视不同的客户选择不同的应对办法。

1. 以牙还牙

若对方故意挑衅,你可以"以眼还眼,以牙还牙",有理、有利、有节地回敬对手,针锋相对。

2. 沉默不语

有时沉默不语的蔑视能力胜千钧,抵得上万语千言。

3. 委婉表达

委婉是指在不便于直说的情况下所采用的一种含蓄曲折的表达方式。

销售不是逼迫,用生硬的口气向客户进行强迫性的销售,会给客户带来不愉快的感受,使客户心生反感,从而不利于销售。而采用委婉的表达方式,有助于营造平等、轻松的沟通氛围,更容易使客户接受你的观点,有助于销售的成功。

4 幽默化解

有时候,以幽默谐趣的方式回答棘手犯难的问题,往往会出奇制胜,使销售的尴尬局面在谈笑之中得以化解。

在销售中善于营造轻松的气氛,可以使双方在笑声中缩短心理距离。

制造幽默的具体方法有:

(1)运用双关。

所谓双关,也就是你说出的话包含了两层含义:一个是这句话本身的

265

含义；另一个是这句话的引申义。幽默就从这里产生出来。也可说是言在此而意在彼，让听者只从字面上去理解就能领会言外之意。

（2）有意曲解。

所谓曲解，就是"歪曲"、"荒诞"地进行解释，以一种轻松、调侃的态度对一个问题进行广泛地解释，将两个表面上毫不沾边的东西联系起来，造成一种不和谐、不合情理、出人意料的效果，从而产生幽默感。

（3）巧妙解释。

即对原意加以巧妙的解释而制造幽默效果。

（4）使用模仿语言。

使用模仿语言，是幽默方式中很常见的一种，它往往借助于某种违背正常逻辑的想象和联想，把原来的语言要素用于新的语言环境中，从而制造幽默感。

（5）自嘲。

当你在销售中遇到尴尬的沟通情境时，如果能适当地使用自嘲的方式制造幽默感，不仅能有效地摆脱自己的尴尬处境，同时也能给对方一种轻松感，从而使沟通气氛变得更加和谐，更有利于沟通活动的顺利进行。

（6）夸张。

将事实进行无限制的夸张，造成一种极不协调的喜剧效果，是产生幽默的方法之一。

用幽默、含蓄、委婉、夸张等具有语言特色的话来反击客户的奚落，对销售人员来说，是一个有效而巧妙的基本话术。通过此种语言表达方式，一方面可以保护自己，另一方面也是维护自己和公司形象的需要。因为销售人员是自己和公司形象的代表，不容许任何人不给自己足够的尊重。

出人意料的巧妙话

一些出人意料的巧妙话，往往可以抓住客户的心。但是在这里要提醒销售人员，并不是所有的人都会对你出人意料的话感兴趣，巧妙话说不好，反而会招致客户的反感。因此，在使用这一技巧之前，销售人员一定要仔细设计和考虑，以免取得相反的效果。

有一位销售高手就是用一句出人意料的巧妙话，和一位顽固的客户做成了生意。

德国有一位医生，医术高明，但是对所有上门的销售人员都不给好脸色看，连说话都不情愿。他也要求秘书小姐这样做。

有一位聪明的销售人员打算给他的客户介绍个人税务筹划业务，这位高明的医生就在他的潜在客户之列。跟以往一样，其他销售人员都吃了闭门羹，根本就没有见到医生的面。

而这位销售人员却和他们不一样，运用出人意料的巧妙话竟将顽固的医生成功征服。他是如何做到的？

销售人员打听到医生喜欢美术，刚好最近有重要的美术展览，医生肯定会参观。于是他打听好展览的时间与地点，然后就开始留意医生的行为。当医生参加展览会时，他总会借故与医生攀谈，最后互相交换了姓名与电话。

几天之后，这位销售人员打电话给医生。

"是那位在画廊见过的某某先生吗？"医生问。

"是的。我是一家个人税务筹划公司的销售人员，很高兴能为您这样的客户服务。"

"没有用。你们这些销售人员通通都是骗子！"

无论销售人员怎么说，医生就是不肯答应见面会谈。

医生正打算要挂电话的时候，听见销售人员说："大夫，容我说最后一句话，所有的医生都是杀手。"

"你说什么？"医生声音大得惊人。

当然，销售人员已经料定他是这样的反应，因此，拿出早就准备好的方案，给医生讲述了一个故事。在故事中，销售人员的朋友因为医生的缘故而丧命。为了更有说服力，销售人员甚至讲了很多细节。

医生当然了解这一类的情况，他反驳说："有这样的情况，但您也不能以偏概全呀。"

"情况正是如此。您也不能以偏概全，说销售人员都是骗子呀。"

这让医生没有话说，双方定好了会谈的时间。

在医生家里，销售人员对医生家庭装修的高雅品位赞不绝口，最后，他看到了一套维多利亚时代的灯具，就用充满羡慕的口吻说："您府上搜集这些价值连城的珍品，一定花费您不少的时间吧？"

医生说："是。"

"如果能够合法节约税金，辛苦挣到的钱少交一些给税务局，您就能有更多的钱来收集这些珍品。"

医生当然有兴趣讨论这个话题。于是，销售人员的业务推广逐渐展开。

销售人员用一句石破天惊的"所有的医生都是杀手"的话，可谓是出人意料的巧妙话，不仅使医生吃惊、好奇，也使他们的交流过程延长。有时间就有销售的可能；有交流的机会，就有销售出产品的胜算。